朝讀經典

民惟邦本

中學生

10

馮天瑜／主編

本書編委會

主　編　馮天瑜

副主編　曾　暉

編　委　（以姓氏筆畫為序）

王林偉　左松濤　邢曉明　劉　耀

江俊偉　余來明　陳文新　鍾書林

姜海龍　姚彬彬　徐　駱　謝遠筍

/ 編輯說明 /

本套讀本的編寫，遵循如下原則：

一、注重中華文化的弘揚與教育。本套讀本從浩如煙海的傳統文化典籍中，遴選能夠涵養做人處事價值觀的、千古傳誦的經典原文，使學生透過誦讀學習，由淺入深地提高對中華文化的認知度，潛移默化地增強對文化的自覺與自信，認真汲取其思想精華和道德精髓，真正實現中華文化在青少年身上的傳承與弘揚。

二、尊重中華文化自身固有的特性。從「國文」（語言文字）、「國史」（歷史統系）、「國倫」（倫理道德）三個層面選取古典篇目，兼顧德性培育、知性開發與美感薰陶。因為中華文化本身即是「國文」「國史」與「國倫」的綜合，德性、知性與美感的統一。

三、 尊重學生發展不同階段的特點。選取篇目力求平和中正，典雅優美，貼近生活，明白曉暢，讀來趣味盎然；由易到難，由淺入深，循序漸進，合理編排，使學生先領會傳統文化的趣、美、真，進而達於善。

四、 兼顧篇章組合的系統性和多元性。以家國情懷、社會關愛、人格修養為主線，分主題展示中華文化。篇目選取不限某家某派，不拘文類，義理、詩文、史傳等兼收並蓄，異彩分呈。同時注意選文的易誦易記，便於學生誦讀。

中華文化源遠流長，凝聚著古聖先賢的智慧，亦是安身立命的基礎與根本。本套書古今貫通，傳承優秀文化；兼收並蓄，汲取異域英華，對推動中華文化創造性轉化、創新性發展，以及培育才德兼備的下一代，意義深遠。

本書編委會

目　錄

中華民族

中國是一個多民族國家。在幾千年的歷史長河中，各民族通過政治、經濟方面的交往和文化、血緣方面的融合，形成了一個具有強大向心力的政治、經濟、文化實體，構建了一個你中有我、我中有你的中華民族大家庭。認識中華民族交往、交流、交融的歷史，增強中華民族的凝聚力，對於實現各民族的團結、繁榮與發展，有著重要的意義。

❶中華民族①

（一）

《唐律疏議》

中華者，中國② 也。親被③ 王教④，自屬中國，衣冠威儀，習俗孝悌，居身禮義，故謂之中華。

▲〈人物龍鳳圖〉戰國帛畫

（二）

楊度

　　則中華之名詞，不僅非一地域之國名，亦且非一血統之種名，乃為一文化之族名。……華之所以為華，以文化言，不以血統言，可決⑤知也。故欲知中華民族為何等民族，則於其民族命名之頃，而已含定義於其中。與西人學說擬之，實採合於文化說，而背於血統說。華為花之原字，以花為名，其以之形容文化之美，而非以之狀態血統之奇。

①分別選自《唐律疏議》（中華書局 1983 年版）和《楊度集》（湖南人民出版社 1986 年版）。標題為編者所加。
②中國：古代華夏族、漢族地區。因多建都於黃河南北，在四夷之中，故稱中國。
③親被：親身接受。
④王教：王道教化。
⑤決：斷定。

（一）

中華，就是指中國。親身接受了王道教化，處於四夷的中央，穿衣戴帽有威儀，風俗講究孝悌，立身處世追求禮義，所以稱之為中華。

（二）

那麼「中華」這個名詞，不但不是一個地域意義上的國名，也不是一個血統意義上的種名，而是一個文化意義上的族名。……「華」之所以為「華」，是從文化的角度講，不是從血統的角度講，這是可以辨別清楚的。所以要想知道中華民族是怎樣的民族，那麼在這個民族命名的時候，就已經將定義包含在其中了。用西方學說來類比，也確實適用於文化說，而有悖於血統說。「華」是「花」的原字，用「花」來作名字，是形容文化的盛美，而不是形容血統的奇特。

知識拓展

中華何以稱華夏

從現有的文獻看來，「夏」和「中國」兩種稱謂在西周初年便產生了。相傳夏是最早的一個朝代。後來的周人以夏文化的繼承者自居，因此《尚書》中常有「區夏」「有夏」「時夏」等詞。周滅商後，分封了許多諸侯國，諸侯國的文化和周是一個系統，周國自稱為「夏」，這些諸侯國逐漸強大起來後，也自稱為「夏」。因為諸侯國眾多，所以稱「諸夏」，以區別於不同文化系統的「夷狄」。

「華」字與「夏」字古音相近，由此推衍出「華」字來。這樣，「華」逐漸成了與「夏」異名同實的稱號。有時稱「諸華」，有時又與夏字合稱「華夏」。語源見於《尚書·周書·武成》：「華夏蠻貊罔不率俾。」「華夏」初指中國中原地區，後來才變為包舉全域的稱謂。

❷胡服騎射①

〔漢〕司馬遷

　　王②曰：「先王不同俗，何古之法③？帝王不相襲，何禮之循？處戲④、神農教而不誅⑤，黃帝、堯、舜誅而不怒⑥。及至三王⑦，隨時制法，因事制禮。法度制令各順其宜，衣服器械各便其用。故禮也不必一道，而便國不必古。聖人之興也不相襲而王，夏、殷之衰也不易禮而滅。然則反古未可非，而循禮未足多⑧也。且服奇者志淫⑨，則是鄒、魯無奇行也；俗辟⑩者民易⑪，則是吳、越無秀士⑫也。且聖人利身謂之服，便事謂之禮。夫進退之節，衣服之制者，所以齊⑬常民也，非所以論賢者也。故齊民⑭與俗流，賢者與變俱。故諺曰：『以書御者不盡馬之情，以古制今者不達事之變。』循法之功，不足以高世；法古之學，不足以制今。子不及⑮也。」遂胡服招騎射。

①選自《史記》（中華書局1959年版）。標題為編者所加。

②王：指戰國中後期趙國的君主趙雍。死後諡號武靈，故
　稱趙武靈王。

③法：效法。

④虙（ㄈㄨˊ）戲：指伏羲。

⑤教而不誅：重教化，不施刑罰。

⑥怒：超過，過分。

⑦三王：指夏禹、商湯、周文王。

⑧多：讚許。

⑨淫：浮蕩，放縱。

⑩辟：通「僻」，邪僻，引申為怪異。

⑪易：輕率，簡慢。

⑫秀士：出眾之士。

⑬齊：約束，使整齊劃一。

⑭齊民：平民。

⑮及：到達，引申為達理、明理。

　　趙武靈王說：「先王習俗不同，哪種古法可以仿效？
帝王們不互相因襲，哪種禮制可以遵循？伏羲、神農注重
教化，不施刑罰；黃帝、堯、舜使用刑罰，但不過分。到
了夏禹、商湯、周文王，隨時代的變化來制定法度，根據

實際情況的不同來規定禮制。法規政令都順應實際需要，衣服器械都便於使用。所以禮不必只用一種方式，而要對國家有利也不一定要效法古代。聖人興起，不是因為相互因襲才統一天下，夏、殷衰敗，不是因為改變禮制才走向滅亡。由此看來，違背古制不一定要去責備，遵循舊禮也不一定值得稱讚。如果說著裝奇特的人心志都浮蕩，那麼法度謹嚴的鄒、魯一帶就不會有不合法度的行為了；如果說習俗怪異的地方百姓都輕率，那麼習俗怪異的吳、越一帶就沒有德才出眾的人了。況且聖人認為，利於遮身的東西就可以叫作衣服，便於行事的方式就可以稱為禮法。進退的禮節、衣服的制度，是用來約束平民的，不是用來衡量賢人的。所以平民總是和流俗相伴，賢人卻同變革一道。所以諺語說：『照著書本趕車的人摸不透馬的性情，用古法來約束今世的人不通曉事物的變化。』遵循古法建立的功業，談不上高超卓絕；效法古代的學說，不足以治理今世。你們不懂這個道理啊！」於是，趙武靈王在軍隊中推廣了便於作戰的胡人服裝，並招募士兵練習騎射。

知識拓展

歷史上的民族融合

中國歷史上的民族融合主要有四個重要時期。一是春秋戰國時期，中原大地及其周邊各族不斷凝聚、兼併、擴張，融合成一個新的民族——華夏族，又以華夏族為核心，融入了更多的氏族和部落。二是魏晉南北朝時期，各民族之間出現了雙向或多向的對流、遷徙。在北方，匈奴、鮮卑、羯、氐、羌等族與漢族長期雜處，建立了千絲萬縷的聯繫；在南方，漢族的夷化和夷族的漢化現象也日漸普遍。三是五代遼宋夏金元時期，契丹族建立的遼王朝、黨項族建立的西夏王朝、女真族建立的金王朝與漢族政權在對峙、紛爭、衝突中走向統一，為蒙古族建立統一政權奠定了基礎。四是清代，滿族的遷入打破了滿漢之間的地域界限，不同民族之間輾轉流動、交錯雜居，形成了民族融合的高潮。清代後期，在抗擊列強入侵的鬥爭中，各民族患難與共，增強了彼此間的凝聚和交往。正如梁啟超所說，「現今之中華民族自始本非一族，實由多數民族混合而成」。

❸北魏孝文帝改革①

（一）

《資治通鑑》

　　魏主② 下詔，以為：「北人謂土為拓，後為跋。魏之先出於黃帝，以土德③ 王，故為拓跋氏。夫土者，黃中之色④ ，萬物之元也，宜改姓元氏。諸功臣舊族自代⑤ 來者，姓或重複，皆改之。」

▲〈夏山圖〉（局部）〔宋〕屈鼎

（二）

〔南北朝〕魏收

　　高祖曰：「……今欲斷諸北語⑥，一從正音⑦。年三十以上，習性已久，容或不可卒革⑧；三十以下，見在朝廷之人，語音不聽仍舊。若有故為，當降爵黜官⑨。各宜深戒。」

①分別選自《資治通鑑》（中華書局 1956 年版）和《魏書》
　　（中華書局 1974 年版）。標題為編者所加。
②魏主：指北魏孝文帝拓跋宏。下文「高祖」同此。

③土德：古人把金、木、水、火、土五行看成五德，認為歷代王朝各代表一德。王朝興替是五德相生相剋和周而復始的循環變化。

④夫土者，黃中之色：古人認為五行中的土分別與五色（青、黃、赤、白、黑）中的黃色、五方（東、南、西、北、中）中的中央對應。

⑤代：代國，十六國時期，鮮卑族拓跋氏建立的政權。

⑥北語：北方話。這裡指鮮卑語。

⑦正音：指中原漢語。

⑧卒革：立刻改變。卒，同「猝」。

⑨降爵黜官：降低爵位，罷免官職。

（一）

北魏孝文帝發布詔令，認為：「北方人稱『土』為『拓』，稱『後』為『跋』。魏朝的祖先是黃帝的後代，以土德而稱帝，所以姓拓跋。土，是黃中之色，萬物之元，所以應該改姓為『元』。諸位功臣舊族中凡從代國遷來的，姓氏為複姓的，都要改。」

（二）

孝文帝說：「……現在要禁止講鮮卑語，一律改講漢話。三十歲以上的人，習慣講鮮卑語太久，或許難以一下子就改過來；三十歲以下的朝中大臣，講話不許用鮮卑語。如果故意用鮮卑語，將會受到降低爵位或罷免官職的處分。各位應該嚴加自戒。」

知識拓展

五　　德

　　在中國古代歷史上，五德具有兩種含義：一是指人或者物類具備的五種品德，如《論語·學而》中提出的個人修養品德——溫、良、恭、儉、讓，《孫子兵法·計篇》中提出的將帥品德——智、信、仁、勇、嚴，《禮記·聘義》中描述的玉之品德——仁、智、義、禮、信。二是指五德終始學說，由戰國末期的陰陽家鄒衍提出。五德即土德、木德、金德、火德、水德，按照相勝的順序循環往復。每一種德行都對應著一個朝代，德行的轉移引起朝代的興替。當新朝代將興時，上天必然會顯現出某德興盛的景象。五德終始說還根據朝代由德行支配的原則，制定出了一套相應的政令和服飾制度，將五德與五色、五方等對應。如周為火德，秦替周，是以水德克勝火德。水德相應的顏色是黑色，於是「衣服旄旌節旗皆尚黑」。戰國中後期，諸侯間的兼併戰爭日益激烈，五德終始說為各國建立新的統一政權提供了理論依據，因此盛極一時。從秦漢時期開始，這一學說成為歷代王朝重要的統治工具。

❹文成公主入藏①

《舊唐書·吐蕃傳》

　　貞觀十五年，太宗以文成公主妻②之，令禮部尚書、江夏郡王道宗主婚，持節③送公主於吐蕃。弄贊④率其部兵次柏海⑤，親迎於河源。見道宗，執子婿之禮甚恭。既而嘆大國服飾禮儀之美，俯仰⑥有愧沮之色。及與公主歸國，謂所親曰：「我父祖未有通婚上國者，今我得尚大唐公主，為幸實多。當為公主築一城，以誇示後代。」遂築城邑，立棟宇以居處焉。公主惡其人赭面⑦，弄贊令國中權且罷之，自亦釋氈裘⑧，襲紈綺，漸慕華風。仍遣酋豪⑨子弟，請入國學⑩以習《詩》《書》。又請中國識文之人典⑪其表疏。

注　釋

① 選自《舊唐書》（中華書局 1975 年版）。本標題為編者所加。

② 妻（ㄑㄧˋ）：以女嫁人。

14

③節：符節，使臣奉命出行時所持的憑證。

④弄贊：即棄宗弄贊，也譯作「松贊干布」。

⑤柏海：古湖泊名，近黃河源。

⑥俯仰：俯與仰的動作，指舉止。

⑦赭（ㄓㄜˇ）面：把臉塗成赤褐色。

⑧氈裘：用皮毛製成的衣服。

⑨酋豪：指貴族。

⑩國學：國家設立的學校。唐代有國子學、太學等。

⑪典：主管。

　　貞觀十五年，唐太宗將文成公主嫁給棄宗弄贊，命令禮部尚書、江夏郡王李道宗主婚，持節送公主到吐蕃。棄宗弄贊率領其部隊駐紮在柏海，並親自來黃河源迎接。見到李道宗，棄宗弄贊恭恭敬敬地行子婿之禮。然後又感嘆中原大國服飾禮儀的優美，舉止間有慚愧、沮喪之色。等到和公主回到吐蕃，棄宗弄贊對其親近之人說：「我祖輩從來沒有人和中原大國通婚的，今天我娶得尊貴的大唐公主，實在是榮幸。應該為公主築一座城，來向後人誇耀。」於是建造城邑，蓋好房子來安置公主。公主不喜歡吐蕃人把臉塗成赤褐色，棄宗弄贊就命令國中百姓暫且停止這樣做，他自己也脫下皮毛衣服，穿上精美的絲織衣服，漸漸地喜慕中原風俗。他還派遣貴族子弟，請求進入國子學、太學等學習《詩》《書》。又請中原有文才的人主管他的奏章。

知識拓展

唐朝的胡漢融合

唐朝國力強盛，經濟發達，對外交流頻繁，在政治、經濟、文化等各方面都表現出鮮明的胡漢融合的特點。

在政治上，唐朝皇族多有異族血統：唐高祖李淵的母親是鮮卑族的獨孤氏，唐太宗李世民生母竇氏也出自鮮卑族紇豆陵氏。朝廷還大量任用胡族首領和番將：唐代名臣李懷仙、大將李光弼等都來自於漢化的少數民族。岑參「花門將軍善胡歌，葉河蕃王能漢語」的詩句，正是對以上現象的描寫。

在經濟上，唐朝鼓勵西域胡人來中原經商，並大規模地接納周邊少數民族和異國人內附，同時與西方諸國頻繁交往，大大促進了絲綢之路的繁榮。

大量胡人的湧入，也帶來了相應的文化，涵括服飾、飲食、家具、交通工具，乃至繪畫、音樂、舞蹈等方面。中原人逐步接受了胡人的燒烤獸肉之法，食用乳酪，喝起了葡萄酒，胡姬酒肆湧現於市，胡舞、胡樂、胡服十分流行。

思考題

　　在漫長的歷史發展中，中國各民族相互依存、休戚與共、水乳交融，繁衍生息在中華大地上，形成了中華民族多元一體的格局。請搜集資料，談談你對「中華民族多元一體格局」的認識。

富國強兵

「富國強兵」思想形成於春秋戰國時期，秦漢之後又不斷發展。富國與強兵是相輔相成的兩個方面。富國是強兵之本，只有國家富裕了，國防才有可靠的人力、物力、財力作為基礎；強兵是富國的重要保證，沒有鞏固的國防，一旦外敵入侵，經濟建設就無法進行，百姓安定的生活環境就會被破壞。為了保持一個穩定的經濟建設環境和生活環境，必須建立與國家地位相適應的國防。這是社會發展史反復證實了的客觀規律。

❺國之貧富①

《管子・立政》

君之所務者五：一曰山澤不救② 於火，草木不得成③ ，國之貧也。二曰溝瀆④ 不遂於隘，鄣水⑤ 不安其藏，國之貧也。三曰桑麻不殖於野，五穀不宜其地，國之貧也。四曰六畜⑥ 不育於家，瓜瓠⑦ 葷菜⑧ 百果不備具，國之貧也。五曰工事⑨ 競於刻鏤，女事⑩ 繁於文章，國之貧也。故曰：山澤救於火，草木殖成，國之富也。溝瀆遂於隘，障水安其藏，國之富也。桑麻殖於野，五穀宜其地，國之富也。六畜育於家，瓜瓠葷菜百果備具，國之富也。工事無刻鏤，女事無文章，國之富也。

 注　釋

①選自《管子校注》（中華書局 2004 年版）。標題為編者所加。

②救：禁止。

③成：成熟，茂盛。

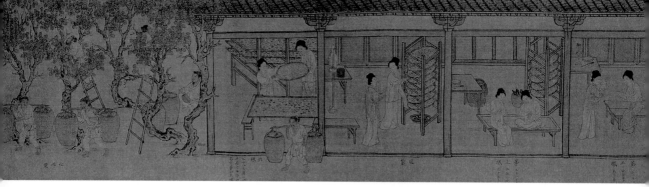

▲〈蠶織圖〉（局部）〔宋〕佚名

④瀆：水溝，小渠。

⑤鄣水：指堤壩中的水。鄣，同「障」，阻礙。

⑥六畜：馬、牛、羊、豬、狗、雞六種家畜的合稱。

⑦瓠（ㄏㄨㄟˋ）：葫蘆。

⑧葷菜：指蔥蒜等有辛辣味道的蔬菜。

⑨工事：土木鑄造之事。

⑩女事：女子所做的紡織、縫紉等事。

　　國君要注意五個方面：一是山澤不禁火，草木不能繁茂，國家就會貧窮。二是溝渠不通暢，堤壩中的水氾濫，國家就會貧窮。三是田野裡不種植桑麻，五穀不因地制宜，國家就會貧窮。四是家庭不飼養各種牲畜，瓜果蔬菜不齊備，國家就會貧窮。五是工事爭相追求刻木鏤金，女事過於追求紋飾，國家就會貧窮。所以說：山林沼澤禁火，草木生長茂盛，國家就會富足。溝渠通暢無阻，堤壩中的水不氾濫，國家就會富足。田野裡種植桑麻，五穀因地制宜，國家就會富足。家庭飼養各種牲畜，瓜果蔬菜品種齊備，國家就會富足。工事不追求刻木鏤金，女事不追求紋飾，國家就會富足。

知識拓展

武經七書

　　中國各個朝代都非常重視兵書，把兵書當作軍事人員學習的教科書。到北宋時已建立有較大規模的「武學」，它類似於近代的軍官學校，用以培養統治者需要的軍事將領。據南宋藏書家晁公武的《郡齋讀書志》記載，宋神宗元豐年間（1078—1085年）正式頒布《孫子》《吳子》《六韜》《司馬法》《三略》《尉繚子》《李衛公問對》為武學必讀之書，統稱「武經七書」。這就是「武經七書」的起源。南宋初年，政府曾指定「武經七書」為選拔將領的考試內容之一。此後雖有人對這七部書在編排的先後順序上略作了一些變動，但仍將其稱為「武經七書」，又稱「武學七書」，簡稱「七書」。這些軍事著作是中國古代兵法的代表作，在世界上享有盛譽。

❻大國不卻士①

〔秦〕李斯

　　臣聞地廣者粟② 多，國大者人眾，兵強則士勇。是乙太山不讓③ 土壤，故能成其大；河海不擇細流，故能就其深；王者不卻④ 眾庶，故能明其德。是以地無四方，民無異國，四時充美，鬼神降福，此五帝⑤ 、三王之所以無敵也。今乃棄黔首⑥ 以資敵國，卻賓客以業⑦ 諸侯，使天下之士退而不敢西向，裹足⑧ 不入秦，此所謂「藉寇兵而齎⑨ 盜糧」者也。

　　夫物不產於秦，可寶者多；士不產於秦，而願忠者眾。今逐客以資敵國，損民以益讎⑩ ，內自虛而外樹怨於諸侯⑪ ，求國無危，不可得也。

▲〈蘭竹圖卷〉（局部）〔明〕文徵明

注　釋

①選自《史記》（中華書局1959年版）。標題為編者所加。
②粟：穀子，此處泛指糧食。
③讓：辭讓，拒絕。
④卻：推卻，拒絕。
⑤五帝：傳說中的上古帝王。時在三皇之後，夏代以前。
　　有多種說法，《史記・五帝本紀》指黃帝、顓頊、帝嚳、
　　唐堯、虞舜。
⑥黔首：戰國及秦代對國民的稱謂。
⑦業：成就。
⑧裹足：停步不前。裹，纏。
⑨齎：送給。
⑩損民以益讎（ㄔㄡˊ）：減少本國的人口而增加敵國的
　　人口。益，增益，增多。讎，仇敵。
⑪外樹怨於諸侯：指賓客被驅逐出外必投奔其他諸侯，從
　　而樹立新怨。

　　我聽說田地廣袤糧食就多，國土遼闊人口就多，軍隊強盛將士就勇。因此，泰山不拒絕泥土，所以能成就它的高大；黃河和大海不捨棄細流，所以能成就它的深廣；有志建立王業的人不推卻民眾，所以能彰明他的德行。因此，土地不分四方，民眾不管國別，四季富裕美好，鬼神降賜福運，這就是五帝、三王之所以無敵於天下的原因。現今卻拋棄百姓讓他們去資助敵國，推卻賓客讓他們去成就諸侯，使天下的賢士退卻而不敢向西，止步不入秦國，這就叫作「借武器給敵寇，送糧食給盜賊」啊！

　　不出產在秦國的物品，寶貴的很多；不出生於秦國的賢士，願意效忠的很多。時下驅逐賓客來資助敵國，減損百姓來充實仇家，內部造成自己空虛而外部在諸侯中樹立怨恨，想要國家沒有危難，是不可能的。

知識拓展

古代人才選拔制度

　　春秋戰國有「鄉舉里選」。《周禮·地官》記載：「三年則大比，考其德行道藝而興賢者能者。」還有「養士」，「戰國四公子」門下各有食客數千人。漢代有了察舉制度。漢高祖有求賢詔，下令察舉賢良方正極諫之士，漢武帝又詔令察舉秀才。被舉薦的吏民經過皇帝「策問」後，按等第高下授官。

　　魏晉南北朝時期，實行九品中正制。各州邑都設有中正官負責品評當地人物的高低，分為上上、上中、上下，中上、中中、中下，下上、下中、下下九品。但到後來，中正官大都由大姓士族擔任，品評人物由豪門貴族操持，以致「上品無寒門，下品無勢族」。

　　隋朝廢除九品中正制，設進士、明經二科取士。唐承隋制，在進士、明經基礎上增設了明法、明算等科，各有側重，但仍以進士、明經二科為主。進士科偏重文辭，明經科偏重經術。唐高宗、武則天朝以後，進士科最為社會重視，參加進士科考試成為改變現狀、致身顯達的重要途徑。進士及第的第一名，叫狀頭或狀元。隋唐創立的科舉選才制度基本上被宋、明沿用，至清光緒三十一年（1905年）才被廢止。

❼藏富於民①

〔宋〕蘇轍

　　財賦之原，出於四方，而委於中都②。故善為國者，藏之於民，其次藏之州郡。州郡有餘，則轉運司③常足；轉運司既足，則戶部④不困。唐制，天下賦稅，其一上供⑤，其一送使，其一留州。比之於今，上供之數可謂少矣。然每有緩急⑥，王命一出，舟車相銜，大事以濟。祖宗以來，法制雖殊，而諸道⑦蓄藏之計，猶極豐厚。是以斂散及時，縱捨由己，利柄所在，所為必成。自熙寧⑧以來，言利之臣，不知本末之術，欲求富國，而先困轉運司。轉運司既困，則上供不繼；上供不繼，而戶部亦憊矣。兩司既困，故內帑⑨別藏，雖積如丘山，而委為朽壤，無益於算也。

　注　釋

①選自《宋史》（中華書局1977年版）。標題為編者所加。
②中都：京都，國家金庫所在。
③轉運司：宋代中央計司在地方的派出機構，職責是監督地方財政，催督地方財賦漕糧如期繳納。

④戶部：六部（吏、戶、禮、兵、刑、工）之一，主管戶籍、
　財政。

⑤上供：中國舊時地方政府所徵賦稅中上繳朝廷的部分。

⑥緩急：此作偏義複詞，指緊急。

⑦道：古代行政區劃，宋初仿唐制分全國為若干道，後漸
　改名為路。

⑧熙寧：宋神宗的一個年號。

⑨內帑（ㄊㄤˇ）：國庫。

 文　意

　　財賦的來源，出於四方，而積聚在京都。所以善於治
理國家的人，把財物藏在百姓那裡，其次是藏在州、郡。
州、郡有富餘，那麼轉運司就能保持充足；轉運司充足了，
戶部就不會困乏。唐朝制度，天下賦稅，一份上供朝廷，
一份送到節度使那裡，另一份留在原州中。與今天比起來，
上供的數目可以說少了。但每當有緊急的事，皇帝的命令
一發出，車船一個接著一個，大事就辦成了。從宋祖以來，
法制雖然不一樣，但各道積蓄的數目，還極其豐厚。所以
收支及時，開支由自己做主，財權在手，要做的事必定成
功。從熙寧以來，講求財利的官員，不明白本末的道理，
想使國家富裕，而先使轉運司困乏。轉運司已經困乏，供
給朝廷的就接不上；供給朝廷的接不上，那麼戶部也困窘
了。戶部和轉運司已經困乏，那麼國庫另外的積蓄，雖然
像山一樣堆積，而爛壞成朽土，對國計沒有益處。

知識拓展

六　部

　　六部是隋、唐以後中央行政機構吏、戶、禮、兵、刑、工各部的總稱。吏部主要掌管全國文職官吏的挑選、考查、任免、升降、調動等事務；戶部主要掌管全國土地、戶籍、賦稅、俸餉及一切財政事宜；禮部主要掌管典禮事務（如祭天地、祭祖先等）、科舉考試、外交政務等；兵部主要掌管武官銓選考核及軍籍、邊防、裝備等事務；刑部主要掌管全國刑罰政令及審核刑名；工部主要掌管興修水利、重要的土木建築工程等。

　　六部的職能在秦、漢時本為九卿所分掌，魏、晉以後，尚書分曹治事，由曹漸漸變為部。隋、唐時確定以六部為尚書省下屬機構，以吏、戶（隋稱民部）、禮、兵、刑、工六部比附《周禮》的六官，掌管全國行政事務。中唐至五代六部形同虛設。北宋前期，六部所掌事務很少，各部正官除特旨供職外，皆為寄祿官，元豐改制後復行其本職。元代六部改屬中書省。明太祖時，六部直接對皇帝負責，成為主管全國行政事務的最高機構。清末逐漸添設新部，六部之名遂廢。

❽存不忘亡①

〔南北朝〕魏收

　　臣聞為國之道，存不忘亡。宜②繕③甲兵④，增益屯戍⑤，先為之備，以待其來。若不豫設，卒難擒殄⑥。且吳越之眾，便於舟楫，今至北土，捨其所長。逆順既殊，勞逸不等，平寇定功，在於此日。

▲〈漢苑圖〉〔元〕李容謹

29

①選自《魏書》（中華書局 1974 年版）。標題為編者所加。
②宜：應當。
③繕：修繕。
④甲兵：鎧甲和兵器，泛指武備。
⑤屯戍：屯守駐防。
⑥殄：滅絕。

　　我聽說治理國家的道理，在於國家存在時不忘記危亡。
應該修繕鎧甲兵器，加強屯守駐防，事先做好準備，以防
備敵人來侵襲。如果不事先有所準備，最終則難以將敵人
收擒剿滅。況且吳越的部眾熟習舟船，現在來到了北方，
拋卻了他們善於水戰的長處。作戰環境的有利與不利已經
改變，敵我雙方的勞頓與安逸也不相同，平定敵人，建立
功業，就在今日。

知識拓展

細柳營

　　漢代將軍周亞夫屯軍細柳，軍紀嚴明。漢文帝親自去慰勞軍隊。到細柳軍營時，只見官兵都披戴盔甲，手持鋒利的兵器，開弓搭箭，戒備森嚴。漢文帝極為讚歎，曰：「嗟乎，此真將軍矣！曩者霸上、棘門軍，若兒戲耳，其將固可襲而虜也。至於亞夫，可得而犯邪！」（《史記‧絳侯周勃世家》）後世以「細柳營」指紀律嚴明的軍營。王維〈觀獵〉一詩就用到了這個典故：「風勁角弓鳴，將軍獵渭城。草枯鷹眼疾，雪盡馬蹄輕。忽過新豐市，還歸細柳營。回看射雕處，千里暮雲平。」

思考題

1. 你知道中國歷史上有哪些著名的盛世嗎？請列舉幾個。
2. 說說你對「富國強兵」的看法。

第三單元

民惟邦本

　　「民惟邦本，本固邦寧」，是儒家政治思想的重要內容之一。這種政治思想觀念在商周就已萌芽。民本思想的基本價值理念主要表現在重民貴民、愛民仁民、安民保民。這一思想順應了民意，維護了社會秩序，鞏固了國家統一。

▲〈晉文公復國圖〉（局部）〔宋〕李唐

❾民惟邦本①

《尚書·五子之歌》

皇祖② 有訓，民可近，不可下③ ，民惟邦本，本固邦寧④ 。予視天下，愚夫愚婦，一能勝予。一人三失⑤ ，怨豈在明？不見是圖⑥ 。予臨⑦ 兆民，懍⑧ 乎若朽索⑨ 之馭六馬，為人上者，奈何不敬⑩ ？

①選自《尚書正義》（北京大學出版社 1999 年版）。標題
　為編者所加。本，根本，基石。
②皇祖：偉大的先祖。這裡指大禹。皇，偉大。祖，先祖。
③下：卑下，輕視，引申為疏遠。
④寧：安定，安寧。
⑤三失：多次犯錯。
⑥不見是圖：謀劃於未見（徵兆）之時。不見，未見。圖，
　謀劃。
⑦臨：治理。
⑧懍：危懼，戒懼。
⑨朽索：腐朽的繩。
⑩敬：戒慎，不怠慢。

文 意

　　偉大的先祖曾有明訓，百姓可以親近，而不可疏遠，
百姓是國家的根本，根本牢固國家就安寧。我看天下的那
些普通百姓，一人之力便可以勝過我。一個人多次失誤，
百姓的怨恨，難道要在明顯地表現出來時才覺察到嗎？應
當在它還未顯現之時就提前謀劃。我治理眾民，心懷畏懼，
像用腐朽的繩子去駕馭六匹馬那樣，做百姓的君主，怎麼
能不戒慎？

知識拓展

《尚書》

　　《尚書》又稱《書》或《書經》，為儒家經典之一。《尚書》是中國上古歷史檔和部分追述古代事蹟著作的彙編，它保存了商周特別是西周初期的一些重要史料。相傳由孔子編選而成，但事實上有些篇如〈堯典〉〈皋陶謨〉等，是後來儒家補充進去的。西漢初存二十八篇，稱《今文尚書》。另有相傳在漢武帝時從孔子住宅壁中發現的《古文尚書》和東晉梅賾所獻的偽《古文尚書》兩種。現在通行的《十三經注疏》本《尚書》就是《今文尚書》和偽《古文尚書》的合編本。

　　《尚書》的體式有「六體」，即典、謨、訓、誥、誓、命。「典」是重要史實或專題史實的記載，「謨」是君臣謀略的記載，「訓」是臣下開導君主的話，「誥」是勉勵的文告，「誓」是君主訓誡士眾的誓詞，「命」是君主的命令。

❿得百姓者天下歸之①

《荀子‧王霸篇》

　　用國②者，得百姓之力者富，得百姓之死者強，得百姓之譽者榮。三得者具而天下歸之，三得者亡③而天下去之；天下歸之之謂王，天下去之之謂亡。湯、武者，循其道，行其義，興天下同利，除天下同害，天下歸之。故厚④德音以先⑤之，明禮義以道⑥之，致忠信以愛之，賞賢使能⑦以次⑧之，爵服賞慶以申重之，時其事、輕其任以調齊之，潢然⑨兼覆之，養長之，如保赤子⑩。生民則致寬，使民則綦⑪理，辯⑫政令制度，所以接天下之人百姓⑬，有非理者如豪末，則雖孤獨鰥寡，必不加焉。是故百姓貴之如帝，親之如父母，為之出死斷亡而不愉⑭者，無它故焉，道德誠明，利澤誠厚也。

 注　釋

①選自《荀子集解》（中華書局 1988 年版）。標題為編者所加。

②用國：統治國家。

③亡：通「無」。

④厚：重視，推崇。

⑤先：前導，前驅。

⑥道：通「導」，導引。

⑦賞賢使能：尊崇並重用賢能之士。賞，尊重，崇尚。

⑧次：按次序排比、編列。

⑨潢然：水深廣貌。潢，通「滉」。

⑩赤子：初生的嬰兒。

⑪綦（ㄑㄧˊ）：極。

⑫辯：治理。這裡指制定。

⑬人百姓：眾百姓。「人」與「百姓」並舉，指民眾。

⑭愉：通「偷」，苟且。

統治國家的人，得到百姓盡力勞動的，就富有；得到百姓拼死作戰的，就強大；得到百姓讚譽的，就榮耀。具

備了以上三個條件，天下人就會歸附他；沒有這三個條件，天下人就會背離他。天下人都歸附他就叫作稱王，天下人都背離他就叫作滅亡。商湯、周武王都遵循這條道路，實行禮義，興辦天下人都認為有利的事，除掉天下人共同的禍害，天下人都歸附他們。所以，君主重視用道德聲望引導天下人，彰明禮義法度教導天下人，恪守忠信愛護天下人，尊崇並重用賢能之士，根據能力安排不同等級的職位給他們，通過加官晉爵和獎賞來重用他們，依靠時節安排勞動，減輕負擔來調劑他們，全面地照顧他們，撫養他們，如同保護嬰兒一樣。教養百姓特別寬厚，使用百姓極其合理，制定法令制度，用以對待天下百姓，有不合理的地方，哪怕像毫毛的末端一樣微小，即使對孤獨鰥寡之人，也一定不施加在他們身上。所以百姓尊重治國者如同尊敬天帝，親近他們如同親近自己的父母，為他們出生入死而不苟且，這沒有其他原因，是由於他們的道德確實顯明，恩惠確實深厚的緣故。

知識拓展

寡人　孤　朕

　　古代君主說到自身時常稱孤道寡或自稱朕。

　　寡人　在古代，儒家文化佔有重要地位，推崇以德治國，講求天人合一，認為只有德配天地的君主，上天才會把治國權位賦予他，故稱皇帝為天子。古代君主自稱寡人，小國臣下對外也謙稱本國國君為「寡小君」。《說文》：「寡，少也。」自稱「寡人」，即謙虛地說自己是寡德之人，表示在道德上還有欠缺，還需完善，還得努力做得更好。

　　孤　《禮記·曲禮下》：「諸侯見天子曰臣侯某，其與民言自稱寡人。在凶服曰嫡子孤。」「凶服」即喪服，指諸侯在服喪期間。諸侯遇凶事自稱孤，意指自己孤單無靠，需要臣民輔佐。「孤」這種特殊用詞，後來逐漸與「寡人」通用。

　　朕　《說文》解釋：「朕，我也。」在先秦，「朕」作為第一人稱代詞，不分貴賤尊卑都可以用。西元前221年，秦始皇兼併六國，一統天下。「自以為德兼三皇，功過五帝，乃更號曰『皇帝』，命為『制』，令為『詔』，自稱『朕』。」（《資治通鑑·秦紀》）「朕」由此成為皇帝專用。

▲〈中山圖〉（局部）〔元〕吳鎮

⓫政之所興，在順民心①

《管子·牧民》

　　政之所興，在順民心；政之所廢②，在逆民心。民惡憂勞，我佚③樂之；民惡貧賤，我富貴之；民惡危墜，我存安之；民惡滅絕，我生育之。能佚樂之，則民為之憂勞；能富貴之，則民為之貧賤；能存安之，則民為之危墜；能生育之，則民為之滅絕。故刑罰不足以畏其意，殺戮不足以服其心。故刑罰繁而意不恐，則令不行矣。殺戮眾而心不服，則上位④危矣。故從其四欲，則遠者自親；行其四惡，則近者叛之。故知予之為取者，政之寶也。

① 選自《管子校注》（中華書局 2004 年版）。標題為編者
　所加。
② 廢：廢弛。
③ 佚：通「逸」，安逸，安閒。
④ 上位：這裡指為君者的地位。

　　政令所以能推行，在於順應民心；政令所以廢弛，在
於違背民心。百姓怕憂勞，我便使他安樂；百姓怕貧賤，
我便使他富貴；百姓怕危難，我便使他安定；百姓怕滅絕，
我便使他生育繁息。因為我能使百姓安樂，他們就會為我
承受憂勞；我能使百姓富貴，他們就會為我忍受貧賤；我
能使百姓安定，他們就會為我承擔危難；我能使百姓生育
繁息，他們就會不惜為我而犧牲了。因此單靠刑罰不足以
使百姓真正害怕，僅憑殺戮不足以使百姓心悅誠服。刑罰
繁重而人心不懼，法令就無法推行了；多行殺戮而人心不
服，為君者的地位就危險了。因此，滿足百姓的上述四種
願望，疏遠的自會親近；做百姓厭惡的上述四種事，那麼，
親近的也會叛離。由此可知，予之於民就是取之於民這個
原則，是治國的法寶。

知識拓展

與民同樂

「與民同樂」出自《孟子‧梁惠王上》。一天，孟子拜見梁惠王，梁惠王一邊觀賞園林池臺中的珍禽異獸，一邊說：「你們也會以此為樂嗎？」孟子回答說：「只有賢人才能夠以此為樂，不賢的人就算有這些東西，也不能夠快樂。」然後，孟子以周文王築靈臺受到百姓擁戴和夏桀擁有臺池鳥獸卻獨自享樂而為百姓所不齒的典型例子作為論據，提出了當政者應「與民同樂」的思想主張，即當政者如果能與民同樂，就會享受到真正的快樂。當政者如果窮奢極欲，不顧百姓的死活，其結果必然是民怨鼎沸，自己也得不到真正的快樂。

⓬以民為命①

〔漢〕賈誼

　　聞之於政也，民無不為本也。國以為本，君以為本，吏以為本。故國以民為安危，君以民為威侮，吏以民為貴賤。此之謂民無不為本也。聞之於政也，民無不為命也。國以為命，君以為命，吏以為命。故國以民為存亡，君以民為盲明，吏以民為賢不肖②。此之謂民無不為命也。聞之於政也，民無不為功也。故國以為功，君以為功，吏以為功。國以民為興壞，君以民為強弱，吏以民為能不能。此之謂民無不為功也。聞之於政也，民無不為力也。故國以為力，君以為力，吏

以為力。故夫戰之勝也，民欲勝也；攻之得也，民欲得也；守之存也，民欲存也。故率民而守，而民不欲存，則莫能以存矣；故率民而攻，民不欲得，則莫能以得矣；故率民而戰，民不欲勝，則莫能以勝矣。故其民之為其上也，接敵而喜，進而不可止，敵人必駭③，戰由此勝也。夫民之於其上也，接而懼，必走去，戰由此敗也。故夫災與福也，非粹④ 在天也，又在士民也。嗚呼，戒⑤ 之！戒之！夫士民之志，不可不要⑥ 也。嗚呼，戒之！戒之！

①選自《新書校注》（中華書局 2000 年版）。標題為編者所加。

②不肖：不賢，不才。

③駭：驚恐，害怕。

④粹：單純，純粹。

⑤戒：慎重。

⑥要（一ㄠ）：考察。

　　聽說處理國政，沒有不把百姓當作根本的。國家把百姓當作根本，君王把百姓當作根本，官員把百姓當作根本。所以國家的安危繫於百姓，君王的聲望繫於百姓，官員的升降繫於百姓。這便是沒有不把百姓當作根本的。聽說處理國政，沒有不把百姓當作性命的。國家把百姓當作性命，君王把百姓當作性命，官吏把百姓當作性命。所以國家的存亡繫於百姓，君王的英明與否繫於百姓，官吏的好壞也繫於百姓。這便是沒有不把百姓當作性命的。聽說處理國政，沒有不根據百姓來論功績的。所以國家根據是否對百姓有利來論功績，君王根據是否對百姓有利來論功績，官吏根據是否對百姓有利來論功績。國家的興衰繫於百姓，君王的強弱繫於百姓，官吏的才能高低也繫於百姓。這便是沒有不以百姓來論功績的。聽說處理國政，沒有不把百姓當作力量的。所以國家把百姓當作力量，君王把百姓當

作力量，官吏把百姓當作力量。所以戰爭能夠獲勝，是因為百姓想要獲勝；進攻能夠得勝，是因為百姓想要得勝；防守能夠守住，是因為百姓想守住。所以官吏統率百姓防守，百姓不想守住，就不能守住；所以統率百姓去進攻，百姓不想得勝，就不能得勝；所以統率百姓去戰鬥，百姓不想取勝，就不能取勝。所以百姓為了自己的君王，和敵人戰鬥而感到欣喜，勇猛前進不停止，敵人必然害怕，戰事就會因此而獲勝。如果百姓為了自己的君王，和敵人戰鬥而感到懼怕，必然逃潰，戰事就會因此而失敗。所以災禍與福祉，並不是單純取決於天意，還取決於百姓。唉！慎重！慎重！百姓的意志不可不考察。唉！慎重！慎重！

知識拓展

賈誼與〈過秦論〉

　　賈誼（前200—前168），洛陽（今屬河南）人，西漢政論家、文學家，時稱賈生。他曾多次上疏，批評時政。所著政論有〈過秦論〉〈論積貯疏〉〈陳政事疏〉等。其政論著作有《新書》十卷。

　　〈過秦論〉是賈誼的代表作之一，分為上、下或上、中、下篇。「過秦」意思是指責秦政之失。在〈過秦論〉中，賈誼論述秦王朝迅速覆滅的原因，歸結為「仁義不施」，失去民心，認為要使漢朝長治久安，必須施仁義、行仁政。賈誼的這種仁義觀帶有強烈的民本主義色彩。他從秦王朝的強盛與滅亡中，看到了「民」在國家治亂興衰中所起的至關重要的作用，鮮明地提出了「仁義不施而攻守之勢異也」的論點（在另一篇文章〈大政上〉中，他甚至認為「故自古至於今，與民為讎者，有遲有速，而民必勝之」），旨在作為漢興之後接受歷史教訓、鞏固統治的借鑑。

思考題

　　動手查找相關資料，分析民本思想、民權思想、民主思想三者之間的區別與聯繫。

第四單元

民胞物與

「民胞物與」意即天下所有人都是我的同胞，自然界的萬物都是我的朋友。這一思想表達了人與人、人與萬物平等的意識，也是歷代中國人嚮往和諧境界的體現。

在當今社會，「民胞物與」的思想仍然具有啟發意義。一方面，現代文明使人類有了更多改造世界的能力與方法，大大改善了人們的生活；另一方面，環境汙染、生態失衡等負面效應日益顯現，威脅著人類的生存。以「民胞」的態度善待身邊的每一個人，以「物與」的情懷善待萬物，尊重一切生命，這樣才能維持人類社會的和諧發展。

▲〈臨書偓放牧圖〉（局部）〔宋〕李公麟

⑬民吾同胞，物吾與也①

〔宋〕陸游

　　乾稱父，坤稱母②；予茲藐③焉，乃混然中處。故天地之塞④，吾其體；天地之帥⑤，吾其性。民吾同胞，物吾與也。大君者，吾父母宗子⑥；其大臣，宗子之家相⑦也。尊高年，所以長其長；慈孤弱，所以幼吾幼。聖其合德，賢其秀也。凡天下疲癃⑧殘疾⑨、惸獨⑩鰥寡⑪，皆吾兄弟之顛連⑫而無告⑬者也。

①選自《張載集》（中華書局 1978 年版）。標題為編者所加。與，交往。這裡指朋友。

②乾稱父，坤稱母：乾可稱為父親，坤可稱為母親。乾、坤為《周易》前兩卦。象辭解釋「乾」為「萬物資始，乃統天」，為純陽之卦；「坤」為「萬物資生，乃順天」，為純陰之卦。《周易·說卦》:「乾為天……為君，為父。」「坤為地，為母。」

③藐：微小。

④塞：充滿，充塞。

⑤帥：統御。

⑥宗子：宗法制下大宗的嫡長子。

⑦家相：春秋時期卿大夫家中的管家。

⑧疲癃（ㄌㄨㄥ∕）：指彎腰駝背及身體極其矮小者。

⑨殘疾：殘，肢體器官或其他功能有缺陷的人。疾，患病的人。

⑩惸（ㄑㄩㄥ∕）獨：惸，亦作「煢」，沒有兄弟的人。獨，老而無子的人。

⑪鰥寡：鰥，老而無妻的人。寡，老而無夫的人。

⑫顛連：指生活艱難、困頓。

⑬無告：無處訴告。

　　乾可以稱為父親，坤可以稱為母親；我如此藐小，卻混天地之道於一身，而處於天地之間。所以那填滿天地之間的，是與我的身體一樣的物質；那統御天地運行的，是與我的本性一致的精神。民眾是我的同胞，萬物是我的朋友。君主是我天地父母的嫡長子，而大臣則是輔佐嫡長子的管家。尊敬年紀大的人，是為了禮敬同胞中的長輩；憐愛孤苦弱小的孩童，是為了保育同胞中的幼弱之輩。聖人，就是與天地德行相合的人；賢人，就是才能出眾的人。天下衰老多病、身體殘疾、孤苦伶仃、無依無靠的人，都是我生活艱難困頓而又無處訴說的兄弟。

知識拓展

張載及其〈西銘〉

　　張載是北宋著名哲學家，理學的創始人之一，著有《正蒙》《經學理窟》《易說》等。《宋史》稱其學說「尊禮貴德、樂天安命，以《易》為宗，以《中庸》為體，以孔、孟為法」。他的思想深邃廣博，對宋明理學影響很大。

　　《正蒙》是張載最重要的理論著作之一，較為系統地闡述了其哲學思想；〈西銘〉是《正蒙》的最後一篇——〈乾稱篇〉開頭的一段文字，著名的「民吾同胞，物吾與也」的說法便出自此篇。然而張載的作品集中，並沒有〈西銘〉的篇名。原來，張載曾將此篇單獨拿出，題為〈訂頑〉，錄於學堂的西窗，所以後來北宋理學家程頤便稱之為〈西銘〉。

　　〈西銘〉雖只有短短三百餘字，卻因立言之奧、立意之精而被視為張載學說的綱領性著作，極受北宋理學家程顥、程頤的推崇。

▲〈集卉鳴和圖〉（局部）〔清〕汪承霈

⑭不夭其生，不絕其長①

《荀子·王制篇》

　　草木榮華滋碩之時則斧斤②不入山林，不夭其生，不絕其長也；黿鼉③、魚鱉、鰌鱣④孕別⑤之時，罔罟⑥毒藥⑦不入澤，不夭其生，不絕其長也；春耕、夏耘、秋收、冬藏四者不失時，故五穀不絕而百姓有餘食也；汙池、淵沼、川澤⑧謹其時禁，故魚鱉優多而百姓有餘用也；斬伐養長不失其時，故山林不童⑨而百姓有餘材也。

①選自《荀子集解》（中華書局 1988 年版）。標題為編者
　所加。
②斧斤：斧頭等砍伐工具。
③黿鼉（ㄩㄢˊ ㄊㄨㄛˊ）：大鱉和揚子鱷。
④鰌鱔（ㄑㄧㄡ ㄕㄢˋ）：泥鰍和黃鱔。鰌，同「鰍」。
⑤別：指脫離母體。
⑥罔罟（ㄨㄤˇ ㄍㄨˇ）：指用來漁獵的網具。罔，同「網」。
⑦毒藥：指用來誘捕魚類的藥餌。
⑧汙池、淵沼、川澤：指池塘、深潭、河流、湖泊等蓄水
　之處。
⑨童：山無草木。

文 意

　　草木開花生長的時候，不持斧頭等工具進山林砍伐，
這是為了不摧折它們的生命，不阻斷它們的成長；黿、鼉、
魚、鱉、鰍、鱔等水生物受孕、繁殖的時候，不用細密的
網具和藥物去水澤中誘捕，這也是為了不摧折牠們的生命，
不阻斷牠們的成長。春天耕田播種、夏天除草、秋天收穫、
冬天儲藏，這四項工作不違背時節，那麼莊稼的生長就會
持續，百姓就會有充足的食物；在池塘、深潭、河流、湖
泊嚴格地按時節執行禁漁措施，那麼魚、鱉等水產就會豐
富，百姓就會用之有餘；樹木的砍伐和培育都不違背時節，
山林就不會變得光禿禿，百姓便會有富餘的木材可用。

知識拓展

二十四節氣的由來

　　二十四節氣是古代中國人根據太陽在黃道（即地球繞太陽公轉的軌道）上的位置變化來認知一年中的天文、物候、時令以及大自然變化規律所形成的知識體系和社會實踐，主要用於指導農事。

　　二十四節氣系統是逐步完備起來的。古人很早就掌握了夏至、冬至、春分、秋分這四個重要的節氣，春秋時期已由圭表測日影長短法確立。戰國末期，又在春分—夏至—秋分—冬至—春分之間，黃經各隔15°增加兩個節氣，分別為立夏、立秋、立冬、立春，即「四立」。到戰國後期成書的《呂氏春秋》「十二月紀」中，就有了立春、春分、立夏、夏至、立秋、秋分、立冬、冬至八個節氣名稱。秦漢時，又分別在這八個節氣之間，黃經各隔15°增加兩個節氣。至此，二十四節氣已完全確立。西漢劉安《淮南子‧天文訓》中有完整二十四節氣的最早記載。漢武帝太初元年（前104年）實施的《太初曆》首次將二十四節氣訂入曆法。

　　2016年11月30日，二十四節氣被正式列入聯合國教科文組織人類非物質文化遺產代表作名錄。

⑮愛生護生①

李叔同

（一）

麟②為仁獸，靈秀③所鍾。不踐④生草，不履⑤生蟲。

繄⑥吾人類，應知其義。舉足下足，常須留意。

既勿故殺，亦勿誤傷。長我慈心⑦，存我天良⑧。

（二）

人不害物，物不驚擾。

猶如明月，眾星圍繞。

注　釋 ....

①選自《護生畫集》（科學出版社、龍門書局 2011 年版）。
　標題為編者所加。
②麟：傳說中的神獸。
③靈秀：美好，美麗。
④踐：踐踏。
⑤履：踩踏。
⑥繄（一）：語氣詞。
⑦慈心：愛心。
⑧天良：天賦的良知。

文　意

（一）

　　麟是仁慈的動物，彙集了天地間的靈秀之氣。祂既不踐踏有生命的草，也不踩踏有生命的蟲。我們人類啊，應該知道愛護生命的道理。起腳下腳的時候，應該經常留意。既不要故意去殺害生命，也不要無意中傷害生命。這樣才能增長我們的愛心，保存上天賦予我們的良知。

（二）

　　人類不傷害其他生物，牠們就不會受到驚擾。人類就會像月亮受群星環繞一樣，被各種生物拱衛。

知識拓展

中華傳統文化中的生態智慧

中華傳統文化中，儒家、道家和中國化的佛教思想包含著豐富的生態智慧。

儒家宣導「仁民愛物」「取物順時」「以時禁發」，謀求人與「天道」的融合。古聖先賢特別強調「時」的概念，要求統治者「使民以時」，耕作「不違農時」，砍伐「斧斤以時」。

道家認為人是自然的一部分，而不是自然的主宰。《老子》說「愛養萬物不為主，可名於大」；《莊子》說「天地與我並生，而萬物與我為一」「夫至德之世，同與禽獸居，族與萬物並」。這種人與萬物共生的狀態，是道家追求的「天人合一」「萬物一體」的和諧境界的體現。

中國化的佛教認為眾生平等，從善待萬物的立場出發，把「勿殺生」奉為「五戒」之首，強調一切佛法中慈悲為大，宣導愛物如己、戒殺護生。這些觀點都包含著深刻的愛護萬物的理念，也體現出中華傳統文化注重人與自然和諧相處的生態智慧。

⑯不獨親其親，不獨子其子①

《禮記・禮運》

大道②之行也，天下為公，選賢與能③，講信修睦④。故人不獨親其親，不獨子其子，使老有所終，壯有所用，幼有所長，矜⑤、寡、孤、獨、廢、疾者皆有所養，男有分⑥，女有歸⑦。貨惡其棄於地也，不必藏於己；力惡其不出於身也，不必為己。是故謀閉⑧而不興，盜竊亂賊而不作，故外戶而不閉。是謂大同。

▶〈秋庭戲嬰圖〉〔宋〕蘇漢臣

61

①選自《禮記集解》（中華書局 1989 年版）。標題為編者所加。親其親，以自己的父母為父母。第一個「親」為動詞，以……為親；第二個「親」為名詞，指父母。

②大道：古指政治上的最高理想。

③與能：選拔能人。與，通「舉」，推舉，選拔。

④修睦：謀求親善。睦，親善，和睦。

⑤矜：通「鰥」。

⑥分：職分，指職業。

⑦歸：女子出嫁，指有歸宿。

⑧閉：杜絕。

文 意

　　大道施行時，天下是大家共有共用的。選拔推舉賢德、能幹的人，講求誠信，謀求親善。人們不僅僅視自己的父母為父母，不僅僅視自己的孩子為孩子，使年老者能終其天年，青壯年能為社會效力，年幼者能得到養育而成長，老而無妻的人、老而無夫的人、年幼喪父的人、老而無子的人、身有殘疾和生病的人都能得到社會的供養。男人都有職業，女人都有歸宿。對於財貨，人們憎恨它被扔在地上得不到合理利用，卻不一定要私藏；為事出力，只恨力不出於己身，卻不一定是為自己謀利。因此，奸邪之謀杜絕而不再產生，劫掠、偷竊、叛亂造反和為害百姓的事情不會發生，人人家裡大門可以不關。這就是理想的大同社會。

知識拓展

大同與小康

《禮記·禮運》描繪了兩種社會形態，即大同與小康。

「大同」社會是在「大道之行也，天下為公」的基礎上實現的，其特點是「公天下」，故能「選賢與能，講信修睦」，人人具有高尚的道德，能「不獨親其親，不獨子其子」。整個社會陰謀欺詐不興，盜竊禍亂不起，路不拾遺，夜不閉戶。這種社會形態，與儒家修身成聖的最高人格相適應，是儒家的最高社會理想。

「小康」社會的特點則是「大道既隱，天下為家」。人們「各親其親，各子其子，貨力為己」。於是，必須制定一系列禮儀規範、典章制度，使人守君臣、父子、兄弟、夫婦之義。即使如此，仍會「謀用是作，而兵由此起」。這種社會顯然不如「大同」世界那樣和諧美好，但仍能禮法並行，運轉有序。

雖然大同社會只是一種理想的社會形態，離現實很遙遠，小康社會也要通過努力推行仁政才能達到，但天下為公、世界大同的社會理想，卻一直成為後世仁人志士的終極追求，成為推動中國社會進步的思想動力。

「民胞物與」的思想對於構建和諧社會、協調人與自然的關係有什麼啟示？

第五單元

法不阿貴

　　「法不阿貴」，即法律不偏袒有權有勢的人。它是法家提出的主張。法家認為，法是國家頒布的準則，代表的是大多數人的利益。法為評判是非曲直的準繩，具有公平的特點，法律面前人人平等，即所謂「不別親疏，不殊貴賤，一斷於法」。執法者要做到賞罰分明、執法公正。「法不阿貴」的思想對於社會的發展起到了積極的推動作用。

⓱法不阿貴①

《韓非子‧有度》

巧匠目意② 中繩③ ，然必先以規矩④ 為度；上智捷舉中事⑤ ，必以先王之法為比。故繩直而枉木斲⑥ ，準⑦ 夷⑧ 而高科⑨ 削，權衡⑩ 縣⑪而重益輕，斗石⑫設而多益少。故以法治國，舉措⑬而已矣。法不阿貴，繩不撓曲。法之所加，智者弗能辭，勇者弗敢爭。刑過不避大臣，賞善不遺匹夫。故矯上之失，詰⑭下之邪，治亂決繆⑮，絀羨⑯齊非，一民之軌⑰，莫如法。屬⑱官威民，退淫殆⑲，止詐偽，莫如刑。刑重則不敢以貴易⑳賤，法審則上尊而不侵，上尊而不侵則主強而守要，故先王貴之而傳之。人主釋法用私，則上下不別矣。

▲獬豸浮雕

①選自《韓非子集解》（中華書局 1998 年版）。標題為編
　者所加。

②目意：用眼睛測度。

③中（ㄓㄨㄥˋ）繩：符合繩墨。繩，古代木匠取直的墨線。

④規矩：古代校正方形和圓形的工具。

⑤中事：符合要求。

⑥斫（ㄓㄨㄛˊ）：砍削。

⑦準：古代測量水準的工具。

⑧夷：平。

⑨高科：高低不平。科，空，坎。

⑩權衡：古代稱量物體輕重的器具。

⑪縣（ㄒㄩㄢˊ）：同「懸」，懸掛，倒懸。

⑫斗石：古代的容量單位。

⑬舉措：處理，安排。舉，提起來。措，降下去。

⑭詰：追究。

⑮繆（ㄇㄧㄡˋ）：通「謬」，謬誤。

⑯絀羨：廢棄多餘的。絀，通「黜」，廢棄，消除。羨，多餘。

⑰軌：規則，規範。

⑱屬：當為「屬」字之誤。這裡指整治。

⑲殆：通「怠」，怠惰。

⑳易：輕視。

匠通過目測就能合乎繩墨，但他必定先用規和矩作為標準；智力特出之人靠他的聰慧敏捷就能合乎要求，但他必定先用先王的法度作為依據。所以繩墨直了，彎曲的木頭就可以砍直；水準器平了，高低不平的地方就可以鏟平；稱具拎起，就可以減重補輕；量具設好，就可以減多補少。所以用法令治國，不過是制定出來、推行下去罷了。法律不偏袒有權有勢的人，墨繩不向彎曲的地方傾斜。法令該制裁的，智者不能辯解，勇者不敢抗爭。懲罰罪過不避開大臣，獎賞功勞不漏掉平民。所以，矯正上級的過失，追究下級的奸邪，治理紛亂，判斷謬誤，削減多餘，糾正錯誤，統一民眾的行為規範，沒有什麼比得上法律。整治官吏，威懾民眾，除去淫亂怠惰，制止欺詐虛偽，沒有什麼比得上刑罰。刑罰嚴厲，地位高的就不敢輕視地位低的；法令周詳，君主就尊貴而不受侵害。君主尊貴而不受侵害，就強勁有力，從而能掌握法治這一治國的關鍵。所以，先王重法並傳授下來。如果君主棄法用私意行事，那麼君臣之間就沒有區別了

知識拓展

古代的法律形式

古代法律形式有刑、法、律、令、比、科、格、式等。在一個朝代，經常有幾種法律形式同時使用，組成該朝代的法律體系。不同的法律形式的使用範圍不一樣，效力高低也有很大區別。

刑　戰國之前，刑基本指刑律。戰國以後，常指肉刑或刑罰。

律　自商鞅變法之後中國古代主要的法律形式，應用廣泛，如秦朝有《田律》《工律》等。西晉以後，狹義的律指刑事法規。有時，「律」又是一個朝代法律的總稱。

令　秦漢時期，令是皇帝針對具體事件發布的政令，是律的重要補充。西晉以後，令是規定典章制度的政令法規。

比　古代對法律沒有明文規定的案件，比照類似的法律條文和過去的判例作出判決的制度。秦代有「廷行事」，漢代有「決事比」。

⓲孫武吳宮教戰①

〔漢〕司馬遷

　　孫子武者，齊人也。以兵法見於吳王闔廬②。闔廬曰：「子之十三篇，吾盡觀之矣，可以小試勒兵③乎？」對曰：「可。」闔廬曰：「可試以婦人乎？」曰：「可。」於是許之，出宮中美女，得百八十人。孫子分為二隊，以王之寵姬二人各為隊長，皆令持戟。令之曰：「汝知而心與左右手背乎？」婦人曰：「知之。」孫子曰：「前，則視心；左，視左手；右，視右手；後，即視背。」婦人曰：「諾。」約束④既布，乃設

▲孫武像

鉞⑤，即三令五申之。於是鼓之右，婦人大笑。孫子曰：「約束不明，申令不熟，將之罪也。」復三令五申而鼓之左，婦人復大笑。孫子曰：「約束不明，申令不熟，將之罪也；既已明而不如法者，吏士之罪也。」乃欲斬左右隊長。吳王從臺上觀，見且斬愛姬，大駭。趣⑥使使下令曰：「寡人已知將軍能用兵矣。寡人非此二姬，食不甘味，願勿斬也。」孫子曰：「臣既已受命為將，將在軍，君命有所不受。」遂斬隊長二人以徇⑦。用其次為隊長，於是復鼓之。婦人左右前後跪起皆中規矩繩墨，無敢出聲。

注 釋

①選自《史記》（中華書局 1959 年版）。標題為編者所加。
②闔廬：即闔閭（前 514—前 496 年在位）。
③勒兵：治軍，操練或指揮軍隊。
④約束：規約，規定。
⑤鉞：同「斧鉞」，古代軍法用以斬殺罪犯的斧子。
⑥趣：急忙，快速。
⑦徇：向眾宣示。

　　孫子名武，是齊國人。他因著有兵法進見吳王闔閭。
闔閭說：「您所著兵法十三篇我已全部拜讀，可以試著為
我操演一番嗎？」孫子說：「可以。」闔閭問：「可用婦
女來操演嗎？」孫子說：「可以。」於是吳王答應孫子，
選出宮中美女，共計一百八十人。孫子將她們分為兩隊，
讓吳王的兩名寵姬分別擔任隊長，讓她們全部持戟，訓令
她們說：「你們知道自己的心口、左手、右手和背嗎？」
婦女們說：「知道。」孫子說：「我說向前，你們就朝心
口看；我說向左，你們就朝左手看；我說向右，你們就朝
右手看；我說向後，你們就朝背後看。」婦女們說：「是。」
孫子將規定宣布清楚，便陳設斧鉞，當場重複了多遍。然
後擊鼓令她們向右，婦女們大笑。孫子說：「規定不明，
申說不夠。這是將領的過錯。」又重複了多遍，擊鼓令她
們向左，婦女們又大笑。孫子說：「規定不明，申說不夠，
是將領的過錯；已經講清而仍不遵守號令，就是軍官士兵
的過錯了。」說著就要將左右兩隊的隊長斬首。吳王在臺
上觀看，見愛姬將要被斬，大驚失色，急忙派使者下令說：
「寡人已知道將軍善於用兵了。寡人如果沒有這兩名愛
姬，連吃飯也不香甜，請不要將她們斬首。」孫子說：「臣
下已經受命為將，將在軍中，國君的有些命令就可以不接
受。」於是將兩隊隊長斬首示眾。換用其後的人擔任隊長，
再次擊鼓發令。婦女們向左、向右、向前、向後、跪下、
起立全都符合要求，沒有人敢出聲。

知識拓展

《孫子兵法》

　　《孫子兵法》，春秋末期孫武著，又名《孫武兵法》《孫武兵書》等。今本《孫子兵法》有計、作戰、謀攻、形、勢、虛實、軍爭、九變、行軍、地形、九地、火攻、用間十三篇。該書總結了春秋末期及以前的戰爭經驗，揭示了一系列帶普遍性的規律，強調戰略戰術上的「奇正相生」和靈活運用。《孫子兵法》是中國古代最著名的兵書，也是世界上最古老的軍事理論著作，被譽為「兵學聖典」。

　　北宋時期，《孫子兵法》被列為「武經七書」之一，為武學必讀之書。

　　早在唐朝時，《孫子兵法》就已經傳播到朝鮮半島和日本，18世紀又傳入歐洲。如今《孫子兵法》被譯成多種文字，在世界軍事史上也具有重要的地位。

⑲張釋之執法①

〔漢〕班固

頃之，上行出中渭橋，有一人從橋下走②，乘輿③馬驚。於是使騎捕之，屬廷尉④。釋之治問。曰：縣人來，聞蹕⑤，匿橋下。久，以為行過，既出，見車騎，即走耳。釋之奏當⑥：「此人犯蹕，當罰金。」上怒曰：「此人親驚吾馬，馬賴⑦和柔，令⑧它馬，固不敗傷我乎？而廷尉乃當之罰金！」釋之曰：「法者天子所與天下公共也。今法如是，更重之，是法不信於民也。且方其時，上使使誅之則已。今已下廷尉，廷尉，天下之平也，壹傾，天下用法皆為之輕重，民安所錯⑨其手足？唯陛下察之。」上良久曰：「廷尉當是也。」

注　釋

①選自《漢書》（中華書局 1962 年版）。標題為編者所加。
②走：跑。
③乘（ㄕㄥˋ）輿：古代特指皇帝和諸侯乘坐的車子。

④廷尉：官名，秦始置，為最高司法機構長官。漢承秦制。

⑤蹕：古代帝王出行時，要先清道，禁止他人通行。

⑥當：判斷，判處。

⑦賴：幸虧。

⑧令：假如，如果。

⑨錯：通「措」，安放。

　　不久，漢文帝出巡經過中渭橋，有一個人突然從橋下跑了出來，文帝車駕的馬受到了驚嚇。於是，文帝命令騎兵捉住這個人，交給廷尉張釋之依法辦理。張釋之審訊那個人。那人陳述說：他是鄉下人，聽到清道的命令，就躲在橋下。過了好久，以為皇帝的隊伍已經過去了，就從橋下出來，忽然看到皇帝的車隊，就想立即跑走。張釋之向文帝稟告判決的結果，說：「此人觸犯了清道的禁令，應處以罰金。」文帝震怒說：「這個人讓我的馬受了驚嚇，幸虧我的馬溫順，假如是其他的馬，不就把我弄傷了嗎？可是你竟然只判他罰金！」張釋之說：「法律是天子和天下人應該共同遵守的。現在法律就是這樣規定的，如果任意改變或加重它，法律就不能被百姓相信了。而在當時，皇上您讓人立刻殺了他也就罷了。現在您既然把這個人交給作為廷尉的我，廷尉，就是執掌天下公正執法的，稍一偏失，天下執法者都會任意輕重，百姓該如何是好呢？望陛下明察。」過了許久，文帝說：「廷尉的判處是正確的。」

知識拓展

廷　　尉

　　廷尉是秦漢時期專掌司法的官員，同時也是最高司法機關的名稱。

　　秦始皇統一中國後，把原來秦國的廷尉制度推行到全國。秦王朝非常重視斷獄與行刑，廷尉是九卿之一，較之前擁有更多的司法權力。它不僅負責審理皇帝交辦的案件和地方上報的重大案件，還審核判決各郡的疑難案件。

　　漢代廷尉的地位很高，一方面負責審判，另一方面又管理監獄。廷尉以冷酷著稱，他們戴的帽子是特製的法冠，叫獬豸冠，象徵他們像神獸獬豸那樣公正，神聖不可侵犯。廷尉一職往往是父傳子，子傳孫。東漢時郭弘的子孫中有七人當過廷尉，吳雄一家三代擔任廷尉。

　　魏、晉、南北朝沿置廷尉，但職權較輕，政令仰承尚書省。北齊改置大理卿。

❷⓪強項令董宣①

〔南北朝〕范曄

　　董宣字少平，陳留圉人也。初為司徒侯霸所辟，舉高第，累遷北海相。

　　..........

　　後特徵②為洛陽令。時湖陽公主③蒼頭④白日殺人，因匿主家，吏不能得。及主出行，而以奴驂乘⑤，宣於夏門亭候之，乃駐車叩馬⑥，以刀畫地，大言數⑦主之失，叱奴下車，因格殺之。主即還宮訴帝，帝大怒，召宣，欲箠殺之。宣叩頭曰：「願乞一言而死。」帝曰：「欲何言？」宣曰：「陛下聖德中興，而縱⑧奴殺良人，將何以理天下乎？臣不須箠，請得自殺。」即以頭擊楹⑨，流血被面⑩。帝令小黃門⑪持之，使宣叩頭謝主，宣不從，強使頓⑫之，宣兩手據地，終不肯俯。主曰：「文叔⑬為白衣時，臧亡匿死，吏不敢至門。今為天子，威不能行一令乎？」帝笑曰：「天子不與白衣同。」因敕⑭強項令出。賜錢三十萬，宣悉以班諸吏。由是搏擊豪強，莫不震栗。京師號為「臥虎」。歌之曰：「枹鼓不鳴⑮董少平。」

注 釋

①選自《後漢書》（中華書局 1965 年版）。標題為編者所加。強項令，剛強的縣令。強項，性格剛強而不肯低首下人。

②特徵：特別徵召，不同於平常的鄉舉里選。

③湖陽公主：光武帝劉秀的大姐劉黃，建武二年（26 年）被封為湖陽公主。

④蒼頭：家奴。

⑤驂乘：在車右陪乘，也指陪乘的人。

⑥叩馬：勒住馬。

⑦數：指責。

⑧縱：放縱，聽憑。

⑨楹：柱子。

⑩被（ㄆㄧ）面：滿面。被，覆蓋。

⑪黃門：宦官。

⑫頓：以頭或腳叩地。

⑬文叔：劉秀，字文叔。

⑭敕：皇帝頒布的詔令。這裡是「敕封」的意思。

⑮枹（ㄈㄨˊ）鼓不鳴：沒有人拿槌擊鼓，比喻政通人和，社會秩序安定，沒有冤假錯案。枹，鼓槌。

文 意

　　董宣，字少平，陳留郡圉人。起初為司徒侯霸徵召，後來在官吏考核中被評為高等，官至北海相。
　　............

後被特別徵召為洛陽縣令。當時，湖陽公主的家奴光天化日下殺了人，因為藏匿在公主家裡，官吏無法抓捕。等到公主出門，又讓這個家奴陪乘。董宣在夏門亭等候，攔住公主的車馬，用刀劃地，大聲指責公主的過失，呵斥家奴下車，將他就地正法。公主立即回宮向光武帝告狀。光武帝極為憤怒，召來董宣，要用刑杖打死他。董宣磕頭說：「乞求說一句話再死。」光武帝說：「想說什麼話？」董宣說：「皇上您因德行聖明而中興復國，卻放縱家奴殺害百姓，將拿什麼來治理天下呢？臣下我不用刑杖處死，請求能夠自殺。」說完當即用腦袋去撞擊柱子，頓時血流滿面。光武帝命令宦官扶著董宣，讓他向公主磕頭謝罪，董宣不答應。光武帝命宦官強迫他磕頭，董宣兩手撐地，一直不肯低頭。公主對光武帝說：「過去您做平民的時候，隱藏逃亡犯和死刑犯，官吏都不敢到家門追捕。現在做皇帝，威嚴還不能施加給一個縣令嗎？」光武帝笑著說：「做皇帝和做平民不一樣。」當即敕封董宣為強項令，並釋放了他，還賞賜三十萬錢給他。董宣把賞錢全部分給手下官吏。從此，董宣抓捕打擊那些倚仗權勢、橫行不法之人，沒有誰不害怕得發抖。京城的人們稱之為「臥虎」，歌頌他說：「枹鼓不鳴董少平。」

知識拓展

《春秋》決獄

　　漢代以後，法律開始儒化，董仲舒等人把儒家經義引入司法實踐，用儒家經典義理作為判斷是非、善惡以及賢不肖的標準，作為審判案件的依據。判案依據的儒家經典有《詩》《書》《禮》《易》《春秋》等。但在具體的司法裁判中，絕大多數都以《春秋》為依據，故而將這種引經決獄的裁判方式統稱為「《春秋》決獄」。

　　《春秋》相傳是孔子修訂的一部魯國編年史。古人認為，孔子修訂《春秋》的目的在於討伐亂臣賊子，是「禮義之大宗」。 為了斷案的方便，董仲舒精選二百三十二個典型案例編輯成《春秋決事比》一書。該書在兩漢的司法實踐中經常被引用，但現已失傳，只能通過有記載的少量案件管窺「《春秋》決獄」的精神。

　　「《春秋》決獄」的原則是一定要根據事實推究出犯罪嫌疑人的作案動機。對於那些動機邪惡的人，即使其犯罪未遂也須治罪；而對於那些出於善意而犯下罪行的人，量刑一定要從輕。這對中國法律制度產生了深遠的影響。

思考題

1. 古代的「以法治國」和今天的「依法治國」有什麼聯繫和區別？
2. 談一談弘揚法治精神的重要意義。

百家爭鳴

　　諸子百家是對先秦到漢初各種學術派別的總稱。據《漢書·藝文志》記載，先秦諸子流派眾多，其中流傳較廣、影響較大的有十家，即儒家、道家、陰陽家、法家、名家、墨家、縱橫家、雜家、農家、小說家。春秋戰國時代，王室衰微，諸侯爭霸，各學派的人物便四處遊說，推行自己的政治主張，人們的思想異常活躍，形成了一個空前繁榮、百家爭鳴的局面。

㉑道術將為天下裂①

《莊子·天下》

　　天下之治方術者多矣，皆以其有②為不可加矣！古之所謂道術者，果惡乎在？曰：「無乎不在③。」曰：「神④何由降？明何由出？」「聖有所生，王有所成，皆原於一。」

　　不離於宗，謂之天人⑤。不離於精，謂之神人。不離於真，謂之至人。以天為宗，以德為本，以道為門⑥，兆於變化，謂之聖人。……

　　其明而在數度者，舊法、世傳之史尚多有之。其在於《詩》《書》《禮》《樂》者，鄒魯之士、搢紳⑦先生多能明之。《詩》以道志，《書》以道事，《禮》以道行，《樂》以道和，《易》以道陰陽，《春秋》以道名分。其數散於天下而設於中國者，百家之學時或稱而道之。

　　天下大亂，賢聖不明，道德不一，天下多得一察⑧焉以自好⑨。譬如耳目鼻口，皆有所明，不能相通。猶百家眾技也，皆有所長，時有所用。雖然，不該⑩不遍，一曲之士⑪也。判⑫天地之美，析⑬萬物之理，察古人之全，寡能備於天地之美，稱神明之容。是故內聖外王之道，暗而不

83

明，鬱而不發，天下之人各為其所欲焉以自為方⑭。悲夫！百家往而不反，必不合矣！後世之學者，不幸不見天地之純，古人之大體，道術將為天下裂。

①選自《莊子集釋》（中華書局 1961 年版）。
②其有：其所得。這裡指所得的特定學問。
③無乎不在：無所不在。這裡指道理貫通萬事萬物。
④神：神聖。
⑤天人：古代道家以為順自然之道的人。
⑥門：門徑。這裡指萬物生死的出入門戶。
⑦搢紳：亦作「縉紳」，古代用作官宦或士大夫的代稱。
⑧一察：察其一端。察，考察。
⑨自好：自以為美好。
⑩該：通「賅」，完備。
⑪一曲之士：看問題片面的人。
⑫判：區別，分辨。
⑬析：分析，剖析。
⑭方：即開篇所說的「方術」。

　　天下研究方術的人很多，都認為自己所學的是無以復加、再好不過了。古時所謂的道術，到底在哪裡呢?回答

說：「是無所不在的。」問說：「神聖從哪裡降生？明王從哪裡產生？」回答說：「神聖之所以降生，明王之所以產生，都來源於道。」

不離開道的宗本的人，叫作天人；不離開道的精髓的人，叫作神人；不離開道的本真的人，叫作至人。以天為主宰，以德為根本，以道為門徑，能預見變化兆端的人，叫作聖人。……

古代道術顯明於典章制度的，舊時法規、世代相傳的史書上還保存著很多。保存在《詩》《書》《禮》《樂》等典籍之中的，鄒魯一帶的學者和士紳先生們，大多能明曉：《詩》是表達情感心意的，《書》是記載政事的，《禮》是規範道德行為的，《樂》是陶冶情操的，《易》是預測陰陽變化的，《春秋》是講述名分的。古代道術數度散布天下並被實施於中國的，百家學說時常宣揚它們。

天下大亂的時候，賢聖的標準不明確，道德規範不能統一，天下的學者多是察其一端而自以為是。譬如耳目口鼻，都有各自的功能，不能相互通用。猶如百家眾技，都各有所長，時有所用。雖然如此，仍然是不完備和不普遍的，只是偏於一端的人。分辨天地的純美，剖析萬物的常理，考察古人道術的全貌，他們很少能具備天地的完美，相稱於神明的盛容。所以內聖外王之道，暗淡不明，抑鬱不發，天下的人各為其所好而自恃為特定學問。可悲啊！百家各入迷途而不知返，也就不能合於大道了！後世學者的不幸，在於不能看到天地的純美，不能看到古聖人的全貌，古道術的整體將要被天下人割裂。

知識拓展

方　　術

　　中國古代的方術主要有兩種意思：其一是關於治道的方法，是一種特定的學問，是道術的前身，如《莊子·天下》中有言：「天下之治方術者多矣。」其二是指用自然的變異現象和陰陽五行之說來推測、解釋人和國家的吉凶禍福、氣數命運的醫卜星相、奇門遁甲、堪輿和神仙之術等的總稱，分為術數和方技兩大類。術數，也叫「數術」，是研究「天道」的學問，指以陰陽五行生克制化之理，附會各種迷信之說，來推測人和國家的氣數，包括天文、曆法、五行、占卜、相術等；方技則是研究生命的學問，指利用醫藥學、養生學等有關生命科學技術知識及迷信巫術的知識內容，研究使人祛病延年、健康長壽、長生不死的方法，包括醫藥、煉丹等。

㉒經子異流①

〔南北朝〕劉勰

諸子者，入道②見志之書。太上立德，其次立言。百姓之群居，苦紛雜而莫顯③。君子之處世，疾④名德之不章⑤。唯英才特達⑥，則炳曜⑦垂文，騰其姓氏⑧，懸諸日月焉。昔《風后》《力牧》《伊尹》⑨，咸其流也。篇述者，蓋上古遺語，而戰伐⑩所記者也。

至鬻熊⑪知道，而文王諮詢，餘文遺事，錄為《鬻子》。子自肇始⑫，莫先於茲。及伯陽⑬識禮，而仲尼訪問，爰⑭序《道德》⑮，以冠百氏⑯。然則鬻惟文⑰友，李⑱實孔師；聖賢並世，而經子異流矣。

▶〈老子授經圖〉（局部）〔清〕任頤

①選自《增訂文心雕龍校注》（中華書局 2000 年版）。標
　題為編者所加。

②入道：深入到理論層面。

③顯：明白。

④疾：擔憂。

⑤章：彰顯，顯明。

⑥特達：超出一般人之上。

⑦炳曜（一ㄠˋ）：昭著。

⑧騰其姓氏：這裡指聲名的傳播。騰，躍起。

⑨《風后》《力牧》《伊尹》：《漢書・藝文志》記載，
　兵陰陽家有《風后》十三篇，道家有《力牧》二十二篇、
　《伊尹》五十一篇，均係戰國人偽託。

⑩戰伐：一作「戰代」，即戰國時期。

⑪鬻（ㄩˋ）熊：楚人的祖先，相傳是季連的苗裔，熊繹
　的曾祖。

⑫肇始：開始。

⑬伯陽：相傳為老子的字。

⑭爰：於是。

⑮《道德》：即《道德經》。

⑯百氏：即諸子百家。

⑰文：即周文王。

⑱李：即老子，姓李。

　　諸子的著作是闡述理論、表達思想的書籍。古人認為，最上等是樹立品德，其次是著書立說。普通百姓過著群居生活，苦於所處的環境紛紜雜亂而不明白其中的道理。士大夫立身處世，則擔心自己的聲名和德行不能流傳於世。只有才華出眾的人，才能留下自己的光輝著作，聲名遠播，有如日月高懸，為人們所共見。從前的《風后》《力牧》和《伊尹》等，都屬於這一類。這些作品，大概是上古時期口耳相傳的話語，到戰國時期才被記錄下來。

　　後來，鬻熊通曉哲理，周文王曾向他請教，他留下的文辭和事蹟，被編為《鬻子》一書。古代子部著作就是由此開始的，沒有比這更早的。到了老子，因為懂得古禮，孔子曾向他請教，於是他寫成《道德經》，成為諸子百家中最早的作品。那麼，鬻熊是文王的朋友，老子是孔子的老師；聖人和賢人所處的時代相同，而他們的著作卻分流為經書和子書。

知識拓展

三不朽

　　「三不朽」是中國古代思想史上的一個重要命題，指的是立德、立功、立言三件事情，語出《左傳·襄公二十四年》：「太上有立德，其次有立功，其次有立言，雖久不廢，此之謂不朽。」立德，是要樹立高尚的品德；立功，是要為國家民族建功立業；立言，是要能夠提出自己的見解並形成文字，著書立說。此「三不朽」是中國古代無數仁人志士孜孜以求的人生理想。然而，要真正做到「三不朽」，實非易事。一個人想要有所作為，首先要有高尚的道德，這樣才可以樹立自己的威信，然後才有機會建功立業。許多盡忠報國、死而後已的英雄，傳道授業、教化萬民的文人學士，他們都超越了狹隘的個體追求，致力於為國家、民族建功立業，為人民謀求幸福，他們也許沒有做到「三不朽」，但能成就其中一二，也是不朽的人。

㉓論六家要旨①

〔漢〕司馬談

夫陰陽、儒、墨、名、法、道德②，此務為治者也，直所從言之異路，有省不省耳。嘗竊觀陰陽之術，大祥③而眾忌諱，使人拘而多所畏，然其序④四時之大順，不可失也。儒者博而寡要⑤，勞而少功，是以其事難盡從，然其序君臣父子之禮，列夫婦長幼之別，不可易也。墨者儉而難遵，是以其事不可遍循，然其強本⑥節用，不可廢也。法家嚴而少恩，然其正君臣上下之分，不可改矣。名家使人儉⑦而善⑧失真，然其正名實⑨，不可不察也。道家使人精神專一，動合無形⑩，贍足萬物。其為術也，因陰

▲〈五老圖〉〔清〕汪圻

陽之大順，采儒墨之善，撮⑪名法之要，與時遷移，應物變化，立俗施事，無所不宜，指約⑫而易操，事少而功多。儒者則不然。以為人主天下之儀表⑬也，主倡而臣和，主先而臣隨。如此則主勞而臣逸。至於大道之要，去健羨⑭，絀聰明，釋此而任術。夫神⑮大用則竭，形⑯大勞則敝。形神騷動，欲與天地長久，非所聞也。

①選自《史記》（中華書局 1959 年版）。標題為編者所加。
②道德：道德家，即道家。
③大祥：過分地講究祥瑞災異。
④序：編排。
⑤寡要：缺乏實際而切要的主張。
⑥強本：注重發展農業生產。
⑦儉：通「檢」，約束，限制。
⑧善：容易。
⑨正名實：追求名稱和實際相符合。
⑩動合無形：行為符合無形之道。
⑪撮：攝取，採納。
⑫指約：旨意簡要。
⑬儀表：楷模，表率。
⑭健羨：貪欲無厭。
⑮神：精神，精力。
⑯形：身體，體力。

　　陰陽家、儒家、墨家、名家、法家和道家都是致力於治世的學派，只是他們所遵循的學說不一，有的顯明，有的不顯明罷了。我曾經在私下裡研究過陰陽之術，發現它過於注重吉凶禍福的預兆，禁忌避諱很多，使人受到束縛，多有畏懼，但陰陽家關於一年四季運行順序的道理，是不可丟棄的。儒家學說廣博但很少抓住要領，花費了氣力卻少見功效，因此該學派的主張難以完全遵從，然而它所序列的君臣父子之禮、夫婦長幼之別，則是不可改變的。墨家儉嗇而難以依遵，因此該派的主張不能全部遵循，但它關於強本節用的主張，則是不可廢棄的。法家主張嚴刑峻法卻刻薄寡恩，但它匡正君臣上下名分的主張，是不可更改的。名家使人多受約束而容易失去真實性，但它辨正名與實的關係，則是不能不認真察考的。道家使人精神專一，行動合乎無形之「道」，使萬物豐足。道家之術是依據陰陽家關於四時運行順序之說，吸收儒、墨兩家之長，攝取名、法兩家的精要，隨著時勢的發展而發展，順應事物的變化，樹立良好風俗，應用於人事，無不適宜，意旨簡明扼要而容易掌握，用力少而功效多。儒家則不是這樣。他們認為君主是天下人的表率：君主宣導，臣下應和；君主先行，臣下隨從。這樣一來，君主勞累而臣下卻得安逸。至於大道的要旨，是捨棄貪欲，去掉聰明智慧，將這些放置一邊而順應自然之道來治理天下。精神過度使用就會衰竭，身體過度勞累就會疲憊。身體和精神受到擾亂，卻想要與天地共長久，這是從未聽說過的事。

知識拓展

四時之序

　　「四時」是陰陽家力倡要順應的兩大要素之一（另一個是「陰陽」）。陰陽家認為，四時的自然變化對於人和社會的作用非常重要，不能違背四時的順序，否則會遭遇天災人禍，即所謂「序四時之大順，不可失也」。那麼，究竟何謂「四時之序」呢？也就是我們常說的春生、夏長、秋收、冬藏。陰陽家強調，春夏是「陽生至盛極」的階段，秋冬是「陰生至盛極」的階段。在這兩個階段中，「陰」或「陽」分別經歷了由「初生」至「盛極而衰」的過程。陰陽家思想中的「四時之序」，不僅適用於天地間有生之物「生、長、收、藏」的自然變化和人為的農牧生產活動，而且也可以類比於「政治、人事」，在《禮記·月令》中有許多這方面的記述，例如：孟春之月，行秋令，則其民大疫；季夏之月，行春令，國多風咳；仲冬之月，行春令，民多疥癘；等等。

㉔諸子十家①

〔漢〕班固

　　諸子十家，其可觀②者九家而已。皆起於王道既微，諸侯力政③，時君世主④，好惡殊方⑤，是以九家之術蜂出並作，各引一端，崇其所善，以此馳說，取合諸侯。其言雖殊，辟猶水火，相滅亦相生也。仁之與義，敬之與和，相反而皆相成也。《易》曰：「天下同歸而殊塗，一致而百慮。」今異家者各推所長，窮知究慮，以明其指，雖有蔽短⑥，合其要歸⑦，亦六經之支與流裔⑧。使其人遭明王聖主，得其所折中，皆股肱之材已。

　　仲尼有言：「禮失而求諸野。」方今去聖久遠，道術⑨缺廢⑩，無所更索，彼九家者，不猶癒⑪於野乎？若能修六藝之術，而觀此九家之言，捨短取長，則可以通萬方之略矣。

▲〈西園雅集圖〉（局部）〔宋〕馬遠

 注　釋

①選自《漢書》（中華書局 1962 年版）。標題為編者所加。

②可觀：可以看，值得看。這裡指達到較高的程度。

③力政：以武力征伐。

④時君世主：當時或當代的君主。

⑤殊方：不同的旨趣。

⑥蔽短：弊病、缺點。

⑦要歸：要點所在，要旨。

⑧流裔：末流。裔，衣服的邊緣。

⑨道術：道德學術。

⑩缺廢：缺漏、廢棄。

⑪瘉：通「愈」，勝過。

　　諸子十家，其中可觀的只有九家罷了。它們都興起於王道衰微，諸侯以武力征伐的時候。當時的君主，好惡不同，旨趣各異，因而這九個學派群起並立，各自堅持自己的學說，崇尚他們認為好的一面，以此遊說各國君主，希望取得諸侯的支援。這些學說雖然不同，

　　但就像水與火一樣，相滅也能相生。如仁與義、敬與和，既互相排斥，又互相促進。《易》上說：「天下學問的歸宿相同而道路各異，趨向一致但思慮不同。」現在不同學派各自推崇自己的長處，窮盡智慧和思慮，以闡明各自學說的要旨，即使有弊端，綜合他們的要點來看，也是六經的分支與末流。假使這些人有幸遇到明王聖主，能夠折中採納他們的主張，那麼他們就都能成為輔佐君王的股肱賢臣。

　　孔子曾說：「禮制失去了就到民間去尋求。」現在距離聖王久遠，道德學術殘缺廢棄，沒有地方再可以去尋求。這九家流派的思想，不就超過了民間學說嗎？如果能在學習六藝的基礎上，再深入鑽研這九家的言論，揚長避短，就可以通曉各方的謀略了。

知識拓展

十家九流

漢司馬談〈論六家要旨〉分天下學術流派為陰陽、儒、墨、名、法、道六家。

劉歆在《七略》中提出了「諸子十家」的流派劃分，相較於司馬談的諸子六家，又增了四家：縱橫家、雜家、農家、小說家。在諸子十家中，以小說家為「小道」，即「諸子十家，其可觀者九家而已」。其分論諸子十家，均以「某家者流」開篇，故諸子十家中除小說家「不入流」外，又有「九流」之稱。至此，諸子的流派劃分，形成「十家」「九流」之說。

諸子百家爭鳴是產生於春秋戰國時期的客觀歷史現象，而對諸子流派的劃分都只是主觀的見解，時代不同、分析角度不同，看法必定有所不同。但這些劃分從無到有，逐漸深入，最終形成了公認的各家流派的名稱。一般認為，在諸子十家中，儒、墨、道、法、名、陰陽家影響較大。

思考題

1. 諸子百家中，你最喜歡哪家學說？試闡述理由。
2. 儒家的思想觀念對於今天的社會生活有什麼重要意義？請舉例加以說明。

第七單元

兼善天下

　　「窮則獨善其身，達則兼善天下」是先秦儒者的人生理想，也是後世士人立身處世的準則。「獨善其身」是逆境中的人格堅守，「兼善天下」是順境中的胸懷體現。兩千多年來，一代又一代士人不顧自身禍福，以天下興亡為己任，關心民眾福祉，批判社會上一切不公正、不合理的現象，維護社會道義。這種堅守與擔當，至今仍激盪著讀書人的豪情，撥動著當代知識份子的心弦。

▲〈雨中山色圖〉（局部）〔明〕李流芳

㉕兼善天下①

《孟子・盡心上》

孟子謂宋句踐②曰：「子好遊③乎？吾語子遊。人知之，亦囂囂④；人不知，亦囂囂。」曰：「何如斯可以囂囂矣？」曰：「尊德樂義，則可以囂囂矣。故士窮⑤不失義，達⑥不離道。窮不失義，故士得己⑦焉；達不離道，故民不失望焉。古之人，得志，澤⑧加於民；不得志，修身見於世。窮則獨善其身，達則兼善天下。」

①選自《四書章句集注》（中華書局 1983 年版）。標題為
　編者所加。
②宋句踐：人名，身世不詳。
③遊：遊說。
④囂囂：閒暇貌。這裡指自得其樂。
⑤窮：不得志。
⑥達：得志，顯貴。
⑦得己：不失己志。
⑧澤：雨露，引申為恩澤、德澤。

文　意

　　孟子對宋句踐說：「你喜歡遊說諸侯嗎？我告訴你遊
說的態度。別人理解我，我自得其樂；別人不理解我，我
也自得其樂。」宋句踐說：「怎樣才可以自得其樂呢？」
孟子說：「尊崇道德，樂行仁義，就可以自得其樂了。所
以士人不得志時不失義，得志時不離道。不得志時不失
義，所以能秉持己志；得志時不離道，所以不使百姓失
望。古代的人，得志，便施惠澤於百姓；不得志，便修養
自身品德，並呈現在世人面前。不得志就完善個人修養，
得志就給天下人帶來好處。」

知識拓展

先秦時期的「士」

商周時期，「士」是宗法貴族等級序列的最末一級。漢代賈誼在《新書·階級》中說：「古者聖王制為列等，內有公、卿、大夫、士……等級分明，而天子加焉。」一般而言，當時的「士」都是在諸侯門下擔任職務的人。

春秋戰國時期，激烈的社會變革使「士」擺脫了此前的等級束縛，成為政治上、思想上、文化上的活躍階層。大國爭霸的政治需要，刺激了社會對智慧、知識的需求，私學大量湧現，培養了一批文化人。在不爭輕重尊卑貴賤而爭於道的文化理念的影響下，寒門子弟也可通過自身努力，躋身「士」的行列。此時，「士」不再是貴族的一部分，而成為有知識、有才幹之人的通稱。

〈秋景山水〉〔明〕張瑞圖

26 得其道，不敢獨善其身①

〔唐〕韓愈

自古聖人賢士皆非有求於聞用也，閔② 其時之不平，人之不乂③，得其道，不敢獨善其身，而必以兼濟天下也，孜孜矻矻④，死而後已。故禹過家門不入，孔席不暇暖⑤，而墨突不得黔⑥：彼二聖一賢者，豈不知自安佚⑦ 之為樂哉？誠畏天命而悲人窮也。夫天授人以賢聖才能，豈使自有餘而已？誠欲以補其不足者也。

①選自《韓昌黎文集校注》（上海古籍出版社 1986 年版）。
　標題為編者所加。
②閔：憂慮。
③乂（ㄧˋ）：治理，安定。
④孜孜矻（ㄎㄨˋ）矻：勤勉不懈的樣子。
⑤孔席不暇暖：孔子還沒將座席坐暖就起來了。形容很忙。
　不暇，來不及。
⑥墨突不得黔：墨子東奔西走，每至一地，住的地方煙囪
　尚未熏黑，又到別處去了。形容很忙。突，煙囪。黔，黑。
⑦安佚：安樂舒適。佚，通「逸」。

文 意

　　自古聖人賢士都不是為了追求名聲和被任用。他們擔
心當時的社會不太平，民眾不安定，而他們又通曉治理的
方法，不敢只專注於一己的修養，一定要為天下人謀求益
處，於是孜孜以求，從不鬆懈，到死才停下來。所以大禹
治水時過家門而不入，孔子來不及把座席坐暖又繼續周遊
列國，墨子東奔西走，每至一地，住的地方煙囪尚未熏黑，
又到別處去。這兩位聖人一位賢士，難道不知道自己享受
安逸才是快樂嗎？實在是敬畏上天賦予的責任，同情百姓
的困苦啊。上天授予人以賢聖的才能，難道是使他們自己
優於旁人就完了嗎？其實是希望他們來彌補世上的不足啊。

知識拓展

古代士人的精神

古代士人有著積極的入世精神。《論語・泰伯》說：「士不可以不弘毅，任重而道遠。」《孟子・公孫丑下》說：「如欲平治天下，當今之世，捨我其誰也？」他們將參與國家大事視為自己的使命，願意為實現社會理想而獻身。

在積極參與國家大事的同時，士人對於社會正道有著執著的堅守。他們「從道不從君」，敢於站在維護正義的立場上，批判國君的過失。孟子周遊列國時就有許多仗義執言的例子，這也是士人社會良知的體現。

士人淵博的學識和對社會問題的敏銳感知，使得他們具有很強的憂患意識。范仲淹《岳陽樓記》所說的「居廟堂之高，則憂其民；處江湖之遠，則憂其君。是進亦憂，退亦憂」，便是士人憂患意識的寫照。

士人有自強不息的精神，有捨生取義的勇氣，有大仁大愛的胸懷。他們的精神追求，仍然值得今天的讀書人深思。

❷❼公則天下平①

《呂氏春秋‧貴公》

　　昔先聖王之治天下也必先公，公則天下平矣，平得於公。嘗試觀於上志②，有得天下者眾矣，其得之以公，其失之必以偏。凡主之立也生於公，故鴻範③曰：「無偏無黨④，王道蕩蕩⑤。無偏無頗，遵王之義⑥。無或作好⑦，遵王之道。無或作惡⑧，遵王之路。」

　　天下非一人之天下也，天下之天下也。陰陽⑨之和，不長一類。甘露時雨，不私一物。萬民之主，不阿⑩一人。

 注　釋

①選自《呂氏春秋集釋》（中華書局 2009 年版）。標題為編者所加。
②上志：古代記載。
③鴻範：《尚書‧周書》中的一篇，一作〈洪範〉。
④無偏無黨：不要偏私，不要袒護。「偏」「黨」均是偏私之意，下文「頗」字類此。
⑤蕩蕩：空曠廣遠貌。

⑥義：道理，法度。

⑦作好：指違背公平私自謀利。

⑧作惡：指違背公平欺壓他人。

⑨陰陽：最初指日光的向背，向日為陽，背日為陰，引申為氣候的寒暖。古人將陰陽視為兩種對立的物質元素，以其消長盈虛、推移運動解釋自然現象的變化。

⑩阿：偏袒。

　　從前，先代聖王治理天下，一定把公正放在首位。公正無私，天下就太平了，太平出於公正。試著考察一下古代的記載，有眾多取得天下的人，他們得天下是由於公正，失天下必是由於偏私。大凡立君的本意，都是出於公正。所以〈鴻範〉中說：「不要偏私，不要袒護，王道如此空曠廣遠。不要偏私，不要傾側，應遵循先王的法度。不要違背公平私自謀利，要遵循先王的正道；不要違背公平欺壓他人，應遵循先王的正路。」

　　天下不是某一個人的天下，而是天下人的天下。大自然陰陽調和，不專為生長一個物類；天降甘露和及時雨，不特別潤澤一個物種；萬民的君主，不偏袒任何一個人。

知識拓展

「獨善」與「兼善」

「獨善」與「兼善」是儒家宣導的修身準則，語出《孟子・盡心上》：「窮則獨善其身，達則兼善天下。」意思是：不得志就完善個人修養，得志就給天下人帶來好處。「獨善」和「兼善」是對這句話的簡單概括。

儒家學說宣導入世，入世的主要方式就是從政，所謂「學而優則仕」「治國平天下」。孔子說「天下有道則見，無道則隱」，又說「不在其位，不謀其政」，意思是出仕並不是人生唯一的出路。孟子提出的「獨善其身」與「兼善天下」，事實上是對孔子思想的補充。一個人如果參與政事，就應該以天下百姓為重，惠澤萬民；如果沒有治國平天下的機會，退而修身、潔身自好也不失為一種積極的人生態度。「兼善」為進，「獨善」為退，這兩種處世之道都是積極入世的體現。

㉘新製布裘①

〔唐〕白居易

桂布②白似雪，吳綿③軟於雲。

布重綿且厚，為裘有餘溫。

朝擁坐至暮，夜覆眠達晨。

誰知嚴冬月，支體④暖如春。

中夕⑤忽有念，撫裘起逡巡⑥。

丈夫貴兼濟，豈獨善一身？

安得萬里裘，蓋裹周四垠⑦。

穩暖皆如我，天下無寒人！

▼〈南生魯四樂圖〉（局部）〔明〕陳洪綬等

注 釋 ......

①選自《白居易集箋校》（上海古籍出版社 1988 年版）。
布裘，布製的綿袍。
②桂布：唐代廣西桂管地區出產的木棉布。
③吳綿：吳地產的絲綿。
④支體：指全身。支，通「肢」。
⑤中夕：半夜。
⑥逡（ㄑㄩㄣ）巡：走來走去、思考忖度的樣子。
⑦四垠：四邊，普天之下。

文 意 ......

　　桂布像雪一樣潔白，吳綿比雲還要柔軟。桂布結實，吳綿鬆厚，做成的綿袍溫暖有餘。早晨披坐直至夜晚，夜晚蓋著睡到早晨。誰知道在這寒冬時節，全身暖和如在陽春。半夜裡忽然有一些感想，撫摸著綿袍，起身來回踱步。男子漢看重的是救濟天下，怎麼能僅僅顧著自己？哪裡能有長達萬里的大袍，覆蓋無邊無垠的四方？使人們都像我一樣安穩溫暖，天下再沒有受寒受凍的人。

知識拓展

唐代官員的常服

　　《舊唐書·輿服志》記載:「衣裳有常服、公服、朝服、祭服四等之制。」常服,即古人家居時穿的便服。自南北朝以來,由於其穿著便捷、舒適,使用範圍逐漸擴大。唐代官員的常服,形式為上衣下裳連屬的圓領袍、衫,前後襟下緣到膝處有一道接縫,表示對古時上衣下裳舊制的恪守,腰部用革帶束緊。初、盛唐受胡風影響,流行窄緊直袖式樣,中、晚唐胡風漸弱,流行寬衣大袖式樣。與常服配套的首服是襆頭(一種頭巾),足服是由六塊黑色皮料縫合而成的烏皮六合靴。

　　唐代官員的常服,也被納入服裝的等級制度之中,通過品色、腰帶等的級別彰顯身份的尊卑。唐高祖時,規定親王及三品以上「色用紫」,四品、五品「色用朱」,六品、七品「服用綠」,八品、九品「服用青」;腰帶上用作裝飾的,親王及三品以上用玉,五品以上用金,六、七品用銀,八、九品用石。後來雖屢有調整,但大體不出此範圍。這種以服飾區別官品的制度被五代、宋繼承,對當時的社會生活產生了廣泛的影響。

思考題

　　根據孟子「窮則獨善其身，達則兼善天下」，韓愈「得其道，不敢獨善其身，而必以兼濟天下」的說法，說一說你對古代士人精神的理解。

第八單元

齊之以禮

　　中國自古被譽為禮儀之邦，對禮非常重視。在儒家看來，禮是「人禽之辨」的分水嶺，也是為人處世、修身養性的標準，可以使人警醒自我、提升自我。此外，禮還是古人治理國家的準則。

　　可以說，禮是一個國家、一個民族的文明程度和道德水準的重要標誌，也是個人文化修養和精神風貌的體現。著名學者錢穆先生說，中華傳統文化的核心思想就是「禮」。

㉙道之以德，齊之以禮①

（一）

《論語・為政》

子曰：「道之以政②，齊之以刑，民免③而無恥；道之以德，齊之以禮，有恥且格④。」

（二）

《論語・學而》

有子曰：「禮之用，和⑤為貴。先王之道⑥斯為美，小大由之。有所不行⑦，知和而和，不以禮節⑧之，亦不可行也。」

（三）

《周易・革卦》

子曰：「恭而無禮則勞⑨，慎而無禮則葸⑩，勇而無禮則亂，直而無禮則絞⑪。君子⑫篤於親，則民興於仁；故舊不遺，則民不偷⑬。」

①選自《四書章句集注》（中華書局 1983 年版）。標題為
　編者所加。
②政：政策，法令。
③免：避免。這裡指免罪、免刑。
④格：到，來，引申為歸服。
⑤和：調和，諧調。
⑥先王之道：指堯、舜、禹等古代帝王的治世之道。
⑦不行：行不通。
⑧節：節制。
⑨勞：疲倦，勞累。
⑩葸（ㄒㄧˇ）：害怕，畏懼。
⑪絞：急切。這裡指出語急切，尖刻刺人。
⑫君子：此處指貴族，做官的人。
⑬偷：澆薄，不厚道。

文 意

（一）

　　孔子說：「用政策法令來引導他們，用刑罰來約束他
們，百姓力求能免獲刑罰，卻沒有廉恥之心。用道德來引
導他們，用禮儀來教化他們，百姓不但有廉恥之心，而且
人心歸服。」

（二）

有子說：「禮的作用，貴在能和。過去聖明君王的治國之道，可貴的地方就在這裡；他們小事大事都由此而行。但是，也有行不通的地方。只知道要和，一味求和，卻不用禮來加以節制，也就行不通了。」

（三）

孔子說：「只注重容貌態度的莊重恭敬，卻不知禮，就會感到疲倦；只知道小心謹慎，卻不知禮，就會膽怯懦弱；只靠膽量勇氣做事，卻不知禮，就會闖下禍亂；心直口快，率性而為，卻不知禮，就會尖刻刺人。做官的人如果能用深厚情感對待親族，百姓中就會興起仁愛之風；做官的人如果不遺棄他的老同事、老朋友，百姓就不會澆薄無情。」

知識拓展

周禮的作用

　　周禮是將遠古至殷商以祭祀神靈（祖先）為核心的各種禮儀加以改造、擴展，予以規範化、系統化，形成的一整套宗法制的習慣統治法規。它的中心是以血緣家長制為基礎的等級制度，分封制、世襲制、井田制等政治經濟體制則是它的延伸擴展。它有兩個方面的屬性：作為等級制度，它強調的是「名位」，也就是孔子所說的「君君、臣臣、父父、子子」；作為倫理道德，它包括孝、慈、恭、順、敬、和、仁、義等內容。

　　周禮種類繁多，它規定的各種瑣碎禮儀並不是毫無意義的繁文縟節，而有著極為重要的社會功能和政治作用。它對社會成員有強大的約束力，讓人各安其位，各守其分，各司其職，按照一定的規範來進行生產和生活，從而維繫整個社會的有序運轉。至春秋戰國時期，隨著經濟的發展和社會的變革，周禮所維護的統治秩序逐漸走向崩潰。

㉚禮起於何也①

《荀子‧禮論篇》

禮起於何也？曰：人生而有欲，欲而不得，則不能無求；求而無度量分界②，則不能不爭；爭則亂，亂則窮。先王惡其亂也，故制禮義以分之，以養③人之欲，給④人之求，使欲必不窮乎物，物必不屈於欲⑤，兩者相持而長⑥，是禮之所起也。

▶〈踏歌圖〉〔宋〕馬遠

119

注 釋 ....

①選自《荀子集解》（中華書局 1988 年版）。標題為編者
　所加。
②度量分界：限度和界限。度量，測量長短多少的器具，
　引申指限度。分界，界限。
③養：調治，調養。
④給：供應。這裡指滿足。
⑤屈於欲：因欲望無度而枯竭。屈，竭，窮盡。
⑥相持而長：互相依存、制約並互相增進。

文 意 ....

　　禮起源於什麼呢？回答說：人生來就有欲望，有欲望
而得不到實現，就不能不去追求；一味追求而沒有限度和
界限，就不能不發生爭奪；發生爭奪就會帶來禍亂，有禍
亂就會陷入困境。古代帝王厭惡這種禍亂，所以制定禮義
來確定人們的名分，以此調治人們的欲望，滿足人們的需
求，確保欲望不因物資缺乏而得不到滿足，物資不因欲望
無度而枯竭，使兩者互相依存、制約並互相增進，這就是
禮的起源。

知識拓展

先秦禮樂

「禮」在甲骨文中是個會意字，是祭祀的禮器，引申指祭祀的儀式。事神儀式之「禮」與事神歌舞之「樂」的結合，就是「禮樂」的初義。

周人滅商之後，在保留事神禮儀的同時，將禮儀的內容擴充至政治關係、等級秩序、道德倫理、思想感情等方面，使禮儀從神壇走向人間，運用於社會生活的各個領域。並且，大部分禮儀都有相應的音樂配合，不同的社會等級均有樂隊規模和用樂範圍的嚴格規定。濃厚的禮樂文化氛圍中，透露出森嚴的等級秩序和宗法倫理。

春秋戰國時期，以孔子為代表的先秦儒家在理論上重新闡發了禮樂的內涵，從而使禮樂精神在思想領域大放異彩。孔子不僅注重禮樂的外在等級形式，還注重其內在的「仁」的精神。他把以「仁」為核心的禮樂精神引向人的內心世界，用它來建立個人的崇高人格，促進人們創造和平理想的社會。儒家學者的闡發，使禮樂在保留原有內涵的同時，具備了教化民眾的功用，有了更廣泛的現實意義。

㉛君子明禮①

《禮記‧曲禮上》

　　夫禮者，所以定親疏，決嫌疑，別同異，明是非也。禮不妄說②人，不辭費③。禮不逾節，不侵侮④，不好狎⑤。修身踐言，謂之善行。行修言道⑥，禮之質也。禮聞取於人，不聞取人。禮聞來學，不聞往教。道德仁義，非禮不成；教訓正俗⑦，非禮不備；分爭辨訟⑧，非禮不決；君臣上下，父子兄弟，非禮不定；宦學⑨事師，非禮不親；班朝⑩治軍，涖官行法，非禮威嚴不行；禱祠⑪祭祀，供給鬼神，非禮不誠不莊。是以君子恭敬撙節⑫退讓以明禮。

▶〈高仕觀瀑圖〉〔宋〕馬遠

①選自《禮記集解》（中華書局 1989 年版）。標題為編者所加。

②說：通「悅」，高興。此處為動詞，使……高興。

③辭費：說的話多而無用。

④侵侮：侵犯、欺侮。

⑤狎：親近而不莊重。

⑥行修言道：品行合乎修身的準則，言辭合乎道義。

⑦教訓正俗：通過教育訓導來匡正風俗。

⑧分爭辨訟：分辨爭執，判別是非。

⑨宦學：學習做官、學習經藝。

⑩班朝：整肅朝廷的位次。班，排列等級、位元次。

⑪禱祠：向神求福及得福之後答謝神靈。求福為禱，得福答謝神靈為祠。

⑫撙（ㄗㄨㄣˇ）節：抑制，節制。

文　意

　　禮是人們用以確定關係親疏，判別疑惑難明的事理，區分同異，明辨是非的標準。依禮，不隨便取悅人，不說多而無用的話。依禮，不逾越法度，不侵犯、欺侮他人，與人親近而不輕慢。涵養德性，履行諾言，可稱為好的品行。品行符合修身準則，言辭合乎道義，是禮的實質。依禮，聽說過被人取法，沒聽說過讓人取法。依禮，聽說過

來學，沒聽說過去教。道德仁義，沒有禮就無法落實；教育訓導，匡正風俗，沒有禮就無法完備；分辨爭執，判別是非，沒有禮就無法決斷；君臣、上下、父子、兄弟的名分，沒有禮就無法確定；學習做官、學習經藝時侍奉老師，沒有禮師生就不親近；整肅朝廷，治理軍隊，做官履職，推行法令，沒有禮就無法體現威嚴；求福謝神，例行祭祀，供奉鬼神，沒有禮就不虔誠、不莊重。所以君子以恭敬、節制、退讓來彰顯禮的精神。

知識拓展

五　　禮

　　古代將吉禮、凶禮、軍禮、賓禮、嘉禮稱為「五禮」。五禮涵蓋的內容十分廣泛。

　　吉禮是五禮之冠，主要是對天神、地祇、人鬼的祭祀典禮。主要內容有：祀昊天上帝，祀日月星辰，祭社稷、五帝、五嶽，祭山林川澤，祭四方百物，祭祀先王、先祖等。

　　凶禮是哀憫弔唁憂患之禮，主要有喪禮、荒禮（指自然災害引起歉收、損失、饑饉時，國家為救荒而採取的禮儀措施）、弔禮（災禍之後相互慰問之禮）等。

　　軍禮是師旅操演、征伐之禮，主要包括征戰之禮（含出師祭祀、誓師、軍中刑賞、凱旋等）、校閱之禮、田獵之禮等。

　　賓禮是諸侯朝見天子的禮節，共有八種，即朝、宗、覲、遇、會、同、問、視之禮。

　　嘉禮是和合人際關係，溝通、聯絡感情的禮儀，包括飲食、昏冠、賓射、饗燕、脤ㄕㄣˋ膰ㄈㄢˊ、賀慶之禮等。

32 相鼠①

《詩經‧墉風》

相鼠有皮，人而無儀② 。
人而無儀，不死何為？
相鼠有齒，人而無止③ 。
人而無止，不死何俟④ ？
相鼠有體⑤ ，人而無禮。
人而無禮，胡不遄⑥ 死？

▼〈禮賓圖〉（局部）唐朝壁畫

①選自《詩經譯注》（上海古籍出版社 1985 年版）。相，
　視，看。
②儀：威儀，指端莊嚴肅的態度和行為。
③止：節止，指控制嗜欲，使行為合乎禮。
④俟：等待。
⑤體：肢體。
⑥遄（ㄔㄨㄢˊ）：迅速。

文 意

　　看那老鼠還有皮，有的人卻沒威儀。做人如果沒威儀，
不去死還幹什麼？看那老鼠還有齒，有的人卻沒節止。做
人如果沒節止，不去死還等什麼？看那老鼠還有肢體，有
的人卻不守禮。做人如果不守禮，怎麼還不快快死去？

知識拓展

先秦時期的「人禽之辨」

　　先秦時期的「人禽之辨」主要涉及對人性本質的看法。孟子、荀子各自從不同角度論述了這一命題。

　　孟子認為人性本善，表現為「惻隱之心，人皆有之；羞惡之心，人皆有之；恭敬之心，人皆有之；是非之心，人皆有之。」反之，「無惻隱之心，非人也；無羞惡之心，非人也；無辭讓之心，非人也；無是非之心，非人也。」（《孟子·公孫丑上》）這「四心」是人善良本性的自然呈現，是人與禽獸的根本區別。

　　荀子則認為人性本惡，聖人與普通人、君子與小人都好榮惡辱、好利惡害，本性並沒有什麼不同。只是「其善者偽也」，即通過禮法制度對人的本性加以節制，使之有「分」（上下親疏之分）、有「禮」（禮儀）。「故人之所以為人者，非特以其二足而無毛也，以其有辨也。⋯⋯故人道莫不有辨。辨莫大於分，分莫大於禮，禮莫大於聖王」（《荀子·非相篇》），且「人無禮則不生，事無禮則不成，國家無禮則不寧」（《荀子·修身篇》）。禮成為「人禽之辨」的分水嶺。

思考題

1. 古人何以如此重視禮？試闡述禮的內涵及其在古人生活中所起的作用。
2. 在現實生活中，我們仍然會有很多關於禮的說法（比如送禮、有禮、禮節等），請依據古代的禮俗，談一談你的看法。

第九單元

浩然正氣

　　浩然正氣是坦坦蕩蕩的君子之氣，是匯納百川的宏大胸襟，是勢壓群峰的豪邁氣概。

　　弘揚正氣，歸根結柢是追求人格的平等，追求個體意志的自由。

　　對「浩然之氣」的提倡，起源於先秦時代。其影響所及，歷數千年而至今不衰。正是因為浩氣長存，中華民族歷經曲折和苦難之後，仍能發展壯大。

㉝君子氣節①

（一）

《論語・子罕》

子曰：「三軍② 可奪帥也，匹夫不可奪志也。」

（二）

《論語・衛靈公》

子曰：「志士仁人，無求生以害仁，有殺身以成仁。」

（三）

《論語・泰伯》

曾子曰：「可以托六尺之孤③ ，可以寄百里之命④ ，臨大節而不可奪也。君子人與？君子人也。」

注 釋

①選自《四書章句集注》（中華書局 1983 年版）。標題為
　編者所加。
②三軍：軍隊的通稱。春秋時，大國多設三軍。如晉設中軍、
　上軍、下軍，楚設中軍、左軍、右軍。
③托六尺之孤：指受君主臨終前囑託輔佐幼君。六尺之孤，
　指未成年的孤兒。
④百里之命：國家政權和命運。百里，百里之地，古時諸
　侯封地範圍。

文 意

（一）

　　孔子說：「一國軍隊，可以奪去它的主帥；但一個男
子漢，是不能強迫改變他的志向的。」

（二）

　　孔子說：「志士仁人，沒有貪生怕死而損害仁的，只
有犧牲自己的性命來成全仁的。」

（三）

　　曾子說：「可以把年幼的君主託付給他，可以把國家
的政權託付給他，面臨生死存亡的緊急關頭卻不動搖屈服。
這樣的人是君子嗎？是君子啊！」

知識拓展

范滂別母

　　東漢名士范滂，字孟博，汝南征羌（治今河南漯河東南）人，少時即有「澄清天下之志」。延熹九年（166年），因黨錮之禍與李膺等被捕，不久被釋放返鄉。

　　建寧二年（169年），朝廷又大誅黨人，下詔急捕范滂等人。督郵吳導接到詔書，緊閉傳舍，伏床而泣。范滂聽說以後，理解督郵是為他的事犯難，便主動到縣衙自首。縣令郭揖十分吃驚，解印綬，願與范滂一同逃亡，說：「天下這麼大，你怎麼偏偏到這兒來？」范滂說：「我死了，大禍也就結束了，怎敢牽連你，又使老母流離！」范母前來和范滂訣別，范滂告訴母親：「有弟弟仲博孝敬您就夠了，我今日赴黃泉，是死得其所。只是希望母親大人不要再增添悲傷了。」母親則安慰他：「兒能與李膺、杜密齊名，豈不是很榮耀的事嗎？」范滂跪下受教，再拜而辭，與督郵一起赴京師。不久死在獄中，年僅三十三歲。

㉞養吾浩然之氣①

《孟子·公孫丑上》

「敢問夫子惡乎長？」

曰：「我知言，我善養吾浩然之氣。」

「敢問何謂浩然之氣？」

曰：「難言也。其為氣也，至大至剛，以直養而無害，則塞於天地之間。其為氣也，配義與道；無是，餒也。是集義所生者，非義襲而取之也。行有不慊②於心，則餒矣。我故曰，告子未嘗知義，以其外之也。必有事焉而勿正③，心勿忘，勿助長也。」

▲〈梅花圖〉〔明〕陳繼儒

①選自《四書章句集注》（中華書局 1983 年版）。標題為
　編者所加。選文是孟子與公孫丑的對話。浩然之氣，正
　大剛直之氣。
②慊（ㄑㄧㄝˋ）：滿足，愜意。
③正：準則，標準。這裡指特定的目的。

文　意

　　公孫丑問：「請問先生擅長哪方面？」
　　孟子說：「我善於理解分析別人的言辭，我善於培養
我的浩然之氣。」
　　公孫丑說：「請問什麼叫浩然之氣呢？」
　　孟子說：「這難以說明白了。那浩然之氣，最宏大最
剛強，用正義去培養它而不去傷害它，就會充滿天地之間。
那浩然之氣，必須與義和道相配合，不這樣做，就會疲軟
衰竭。浩然之氣是由正義在內心長期積累而形成的，不是
偶然的正義行為能獲得的。自己的所作所為如果有愧於心，
則浩然之氣就會疲軟衰竭。所以我說，告子不曾懂得什麼
是義，因為他把義看成是心外之物。必須把義當作心內之
物，一定要培養它，但不要有特定的目的；要時時刻刻記
住，但不要違背規律地幫助它成長。」

知識拓展

內涵豐富的「氣」

從字源來講，「氣」字的本義是雲氣，引申為自然界的冷熱陰晴等現象。許慎《說文解字》說：「氣，雲氣也。」《左傳·昭西元年》記載：「天有六氣。」「六氣曰陰陽風雨晦明也。」

在中國哲學裡，「氣」還是一種抽象概念。有時，它指構成宇宙萬物的最基本物質。可見的客觀現象是氣，不可見的客觀實在也是氣。北宋張載指出：「所謂氣也者，非待其蒸鬱凝聚，接於目而後知之；苟健順、動止、浩然、湛然之得言，皆可名之象爾。然則象若非氣，指何為象？」「氣」這一概念涵蓋了世間一切事物。

古代許多思想家認為一切都是「氣」所化生，人也不例外。如《莊子·知北遊》：「人之生，氣之聚也。聚則為生，散則為死。」在儒家看來，「氣」是一種道德精神。如《孟子》認為，存在於人體內的「浩然之氣」，「至大至剛，以直養而無害，則塞於天地之間」。在不同語境中，「氣」這一概念有不同的側重點。因此，對「氣」的理解，應當是動態的、全方位的。

▲〈岡嵐圖卷〉（局部）〔明〕董其昌

㉟潮州韓文公廟碑（節選）①

〔宋〕蘇軾

　　自東漢以來，道喪文弊，異端並起，歷唐貞觀、開元之盛，輔以房、杜、姚、宋②而不能救。獨韓文公起布衣，談笑而麾③之，天下靡然從公，復歸於正，蓋三百年於此矣。文起八代④之衰，而道濟天下之溺⑤，忠犯人主之怒⑥，而勇奪三軍之帥⑦。豈非參天地、關盛衰，浩然而獨存者乎！

注　釋

①選自《蘇軾文集》（中華書局 1986 年版）。韓文公，即韓愈。

②房、杜、姚、宋：唐代賢相房玄齡、杜如晦、姚崇、宋璟。

③麾：通「揮」，指揮，號召。

④八代：東漢、魏、晉、宋、齊、梁、陳、隋。此時駢文盛行，文風衰敗。

⑤道濟天下之溺：語出《孟子‧離婁上》「天下溺，援之以道」，意為天下沉溺，世風日下，救之以儒道。

⑥忠犯人主之怒：韓愈因諫唐憲宗迎佛骨，引起憲宗惱怒，被貶為潮州刺史。

⑦勇奪三軍之帥：唐穆宗時，鎮州（治所在今河北正定）兵變，韓愈奉命前去宣撫，說服叛軍首領歸順朝廷，他的勇氣折服三軍的主帥。

文　意

　　自從東漢以來，儒道淪喪，文風頹壞，各種異端學說蜂擁而起。即使經歷了唐代貞觀、開元時代的盛世，起用了房玄齡、杜如晦、姚崇、宋璟等名臣進行輔佐，還不能挽救。只有韓文公從一介布衣而成為文壇領袖，在談笑風生中號召古文運動，天下人紛紛響應，使思想和文風又回到正路上來，到現在已經有三百年左右了。韓文公所宣導的文風，使八代以來的衰敗文風得到振興；他對儒道的宣揚，使天下人在沉溺中得到拯救；他的忠誠直諫引起了皇帝的惱怒；他的勇氣能折服三軍的主帥。這難道不是與天地化育萬物相提並論，關係國家盛衰興亡，胸中充滿浩然之氣的人嗎？

知識拓展

氣盛言宜說

　　孟子的「養氣論」對後世文學理論有深遠影響。早在魏晉時期，曹丕《典論‧論文》就主張「文以氣為主」，劉勰《文心雕龍‧養氣》提出了「吐納文藝，務在節宣，清和其心，調暢其氣」的主張。唐代古文運動的宣導者韓愈則有氣盛言宜說。

　　韓愈認為立言必先養氣，為文者必須先提高自己的思想情操和思想境界。在〈答李翊書〉中，他寫道：「氣，水也。言，浮物也。水大，而物之浮者大小畢浮。氣之與言猶是也，氣盛，則言之短長與聲之高下者皆宜。」在他看來，只要有盛大之「氣」，不論句式長短、有無回還波折，皆理所當然順勢而下，不可阻遏。這就是氣盛言宜說。這一學說，將道德人格之氣與藝術表現的行文之氣完美地結合起來。

　　氣盛言宜說是韓愈創作經驗的總結。他的散文氣勢充沛，縱橫開闔，奇偶交錯，「如長江大河，渾浩流轉，魚黿蛟龍，萬怪惶惑」（蘇洵〈上歐陽內翰書〉），正源於其深厚的學養功夫。

　　氣盛言宜說對於復興儒學，推動古文運動，起到了積極作用。

㊱正氣歌（節選）①

〔宋〕文天祥

天地有正氣，雜然賦流形② 。下則為河嶽，上則為日星。於人曰浩然，沛乎塞蒼冥。皇路③ 當清夷④ ，含和吐明庭。時窮節乃見，一一垂丹青。在齊太史簡⑤ ，在晉董狐筆⑥ 。在秦張良椎⑦ ，在漢蘇武節。為嚴將軍⑧ 頭，為嵇侍中⑨ 血。為張睢陽⑩ 齒，為顏常山⑪舌。或為遼東帽⑫，清操厲冰雪。或為出師表，鬼神泣壯烈。或為渡江楫⑬，慷慨吞胡羯。或為擊賊笏⑭，逆豎⑮頭破裂。是氣所旁薄，凜烈萬古存。當其貫日月，生死安足論。地維賴以立，天柱賴以尊。三綱實繫命，道義為之根。

▲〈仿巨然臨安山色圖卷〉（局部）〔清〕王翬

 釋 ....

①選自《文天祥全集》（中國書店 1985 年版）。

②流形：各種變化形式。

③皇路：國運，國家的局勢。

④清夷：清平，太平。

⑤太史簡：春秋時，齊國大夫崔杼把國君殺了，太史在史冊中寫道「崔杼‧其君」。崔杼怒，把太史殺了。太史的兩個弟弟繼續寫，都被殺。第三個弟弟仍這樣寫，崔杼沒有辦法，只好讓他如實寫在史書中。太史，史官。

⑥董狐筆：春秋時，晉靈公被趙穿殺死，正卿趙盾沒有處置趙穿，太史董狐寫道：「趙盾‧其君。」孔子讚之為「良史」筆法。

⑦張良椎：韓國被秦滅後，張良重金募到一個大力士，持大椎，在博浪沙（今河南原陽東南）伏擊秦始皇，未擊中。椎，同「槌」。

⑧嚴將軍：即嚴顏。嚴顏鎮守巴郡，被張飛捉住，誓死不降。

⑨嵇侍中：即嵇紹，嵇康之子，晉惠帝時做侍中。八王之亂時，嵇紹用自己的身體遮住惠帝，被殺死，血濺到惠帝衣上。

⑩張睢陽：即張巡。唐安祿山叛亂，張巡固守睢陽，每次上陣督戰都大聲呼喊，牙齒都咬碎了。後城破被俘，拒不投降。

⑪顏常山：即顏杲卿。唐安祿山叛亂時，他起兵討伐，被俘後，當面大罵安祿山，被鈎斷舌頭，仍不屈，最終慘遭殺害。

⑫遼東帽：東漢末年的管寧有高節，避亂居遼東，一再拒絕朝廷的徵召，他常戴一頂黑色帽子，安貧講學，聞名於世。

⑬渡江楫：東晉祖逖率兵北伐，渡長江時，敲著船槳發誓北定中原。楫，船槳。

⑭擊賊笏（ㄏㄨˋ）：唐德宗時，朱泚（ㄘˇ）謀反，召段秀實議事，段秀實不肯同流合汙，以笏猛擊朱泚的頭，旋即被殺。

⑮逆豎：叛亂的賊子。這裡指朱泚。

142

　　天地之間存在著剛正之氣，它紛紛然以各種形式存在。在地下就表現為河川山嶽，在天上就表現為日月星辰。在人間被稱為浩然之氣，充滿了天地之間。國運清明太平時，它呈現為祥和的氣氛和開明的朝廷。時運艱危時，義士就會出現，他們的光輝形象一一垂於丹青。在齊國有捨命記史的太史，在晉國有秉筆直書的董狐。在秦朝化為張良報仇的椎，在漢朝化為蘇武手持的旄節。它是嚴顏寧死不降的頭，是嵇紹噴灑的血，是張巡誓師殺敵而咬碎的牙齒，是顏杲卿仗義罵賊而被割的舌頭。它或是管寧所戴的遼東帽，以冰雪般的清操自勵。或是諸葛亮的〈出師表〉，那死而後已的忠心讓鬼神感泣。或是祖逖渡江北伐時的檝，激昂之情足以吞滅胡羯。或是段秀實痛擊奸人的笏，使逆賊的頭顱破裂。這種浩然之氣充塞於宇宙乾坤，正義凜然不可侵犯而萬古長存。當這種正氣直沖霄漢貫通日月之時，生死又何足論！大地靠著它才得以存在，天柱靠著它才得以尊崇。三綱靠著它才能維持生命，道義靠著它才有了根本。

知識拓展

厓山之戰

厓山之戰是祥興二年（1279年）南宋軍隊與元朝軍隊在厓山（今廣東新會南）進行的大規模海戰。

南宋德佑二年（1276年）初，臨安（治今浙江杭州）陷落，宋恭帝及謝太后被押送大都（今北京）。五月，張世傑、陸秀夫等人擁立宋恭帝長兄趙昰在福州即位，是為端宗，改元景炎。景炎元年（1276年）十一月，元軍逼近福州。小朝廷立足未穩，為躲避追擊，逃往海上，輾轉於泉州、潮州、雷州等地。

景炎三年（1278年）四月，端宗在逃亡途中患病而死。眾臣便又擁立端宗之弟趙昺為帝，改元祥興。六月，流亡政權遷往大海中的厓山。

祥興二年正月，元軍封鎖了厓山的出海口，切斷了宋軍的淡水來源。宋軍被困，只能飲海水解渴。二月，元軍發起總攻。宋軍拼死拒敵，但寡不敵眾，漸漸難支。

見敗局已定，陸秀夫背著小皇帝一起跳海自盡。宋軍將數百艘戰艦自行鑿沉，然後，眾多的南宋軍民紛紛跳海自盡。張世傑衝出重圍後，本想再圖恢復，不意遭遇颶風溺死。厓山之戰失敗，南宋滅亡。

結合相關資料，想一想：什麼是浩然正氣？要如何培養？

A0601A10

朝讀經典 10：民惟邦本

主　　編　　馮天瑜
版權策劃　　李　鋒

發 行 人　　陳滿銘
總 經 理　　梁錦興
總 編 輯　　陳滿銘
副總編輯　　張晏瑞
編 輯 所　　萬卷樓圖書股份有限公司
特約編輯　　王世晶
內頁編排　　小　草
封面設計　　小　草
印　　刷　　維中科技有限公司

出　　版　　昌明文化有限公司
　　　　　　桃園市龜山區中原街 32 號
電　　話　　(02)23216565
發　　行　　萬卷樓圖書股份有限公司
　　　　　　臺北市羅斯福路二段 41 號 6 樓
　　　　　　之 3
電　　話　　(02)23216565
傳　　真　　(02)23218698
電　　郵　　SERVICE@WANJUAN.COM.TW

大陸經銷　　廈門外圖臺灣書店有限公司
電　　郵　　JKB188@188.COM

ISBN 978-986-496-390-4
2019 年 2 月初版
定價：新臺幣 600 元

如何購買本書：
1. 劃撥購書，請透過以下帳號
　帳號：15624015
　戶名：萬卷樓圖書股份有限公司
2. 轉帳購書，請透過以下帳戶
　合作金庫銀行古亭分行
　戶名：萬卷樓圖書股份有限公司
　帳號：0877717092596
3. 網路購書，請透過萬卷樓網站
　網址 WWW.WANJUAN.COM.TW

大量購書，請直接聯繫，將有專人為
您服務。(02)23216565 分機 10
如有缺頁、破損或裝訂錯誤，請寄回
更換

國家圖書館出版品預行編目資料

朝讀經典 .10：民惟邦本 ／馮天瑜主編 .-- 初版 .
-- 桃園市：昌明文化出版；臺北市：萬卷樓發行，
2019.02
100 面；18.5x26 公分
ISBN 978-986-496-390-4(平裝)
1. 國文科 2. 漢學 3. 中小學教育
523.311　　　　　　　　　108001387

本著作物經廈門墨客知識產權代理有限公司代理，由湖北人民出版社授權萬卷樓圖書股份有限公司
出版、發行中文繁體字版版權。